한끗차이 영단어 기초상식

저자	정혜영
초판 1쇄 인쇄	2008년 7월 7일
초판 1쇄 발행	2007년 7월 14일
발 행 인	박효상
편집책임	전병기, 조승주
영업책임	이종선, 이태호
출판등록	제 10-1835호
발 행 처	사람in
주 소	121-839 서울시 마포구 서교동 379-10
전 화	02)338-3555(代)
팩 스	02)338-3545
e-mail	saramin@netsgo.com
Homepage	www.saramin.com

※ 책값은 뒤표지에 있습니다.
※ 파본은 바꾸어 드립니다.

ⓒ 정혜영 2008

ISBN   978-89-6049-057-4(세트)
       978-89-6049-081-9 13740

한끗차이 영단어 기초상식

어디에서도 배울 수 없었던

정혜영 지음

사람in

★ Preface

한국어를 공부하는 한 호주인과 이메일을 주고 받은 적이 있었다. 한국어를 구사하는 외국인을 주변에서 보기란 쉽지 않았을 뿐만 아니라 외국인과 영어가 아닌 한국어로 대화할 수 있다는 사실이 재미있기도 해서 주저하지 않고 그 호주인과 메일을 주고 받았다. 그가 작년에 일본 여자와 결혼을 하게 되었는데 결혼식을 치른 후 결혼식에 대해 메일을 보내온 적이 있다. 처음에 나는 다음과 같은 이야기를 읽고 잠시 헷갈렸었다.

⋮

가족이 조금 일찍 돌아가셨기 때문에
나와 미애는 두 사람으로 걸어가고
미애가 아직 웨딩드레스를 입은 그대로였기 때문에
술집을 통하면서 많은 모르는 사람들도
"축하합니다" 라고 해 주셨어요.

⋮

처음에는 가족이 돌아가셨다고 해서 '미애 씨가 부모님을 일찍 여의셨나?' 하는 생각을 했었다. 그러나 메일의 앞뒤 내용을 따져보니 가족과 호텔에 함께 머물다가 가족들만 먼저 돌아갔다는 이야기였다. 문맥이 없는 경우 go back의 의미로 쓴 '돌아가셨다'를 듣는 사람에 따라서는 pass away의 뜻으로 받아들일 소지가 있었던 것이다. 이 호주인은 비교적 존대법을 잘 구사하고 있었다. 그만큼 우리말에 관심이 많은 것 같았다. 외국어를 공부해 온 한 사람으로서 어휘를 알고 그것의 쓰임새를 아는 것이 얼마나 중요한지를 새삼 깨달을 수 있었다.

언어를 배우는 초기 단계에서는 '무엇을' 배우느냐에 가장 초점을 맞추게 된다. 그러나 기초 단계를 벗어나면 배운 것을 '어떻게' 쓸 것인지가 관건이 된다. 물론 언어를 배우는 가장 우선적인 목표는 '의미 전달'이겠지만 '제대로 된 의미 전달'을 위해 이 책이 조금이나마 도움이 되었으면 하는 바람이다.

이 책은 우리가 잘못 써왔던, 혹은 평소에 혼동했던 어휘를 되짚어 보고 실제로 그것을 어떻게 활용할 수 있는지를 학습하는 책이다. 알고 있던 어휘를 정리하는 복습의 시간, 몰랐던 어휘의 다양한 의미를 배우는 앎의 시간, 배운 것을 표현을 통해 활용해 보는 실습의 시간을 이 책과 함께 하면서 좀 더 향상된 영어 실력으로 거듭나길 바란다.

★ **Contents**

Preface   4
About This Book   6

Chapter 1
뜻이 비슷해서 혼동되는 어휘

동사
- see · look · watch   14
- hear · listen   16
- hurt · wound · damage   18
- lend · borrow   20
- say · tell · speak · talk   22
- change · exchange · switch · swap   24
- fit · suit · match(go with)   26
- beat · win   28
- expect · anticipate · look forward to   30
- hope · wish   32
- put on · wear   34
- cure · heal · treat   36

명사	price · charge · fee 38
	marriage · wedding 40
	trip · journey · travel 42
	work · job · occupation 44
	appointment · promise 46
	accident · incident 48
	situation · state · condition 50
	ethics · moral 52
형용사	high · low · expensive · cheap 54
	comfortable · convenient 56
	ashamed · embarrassed 58
	high · tall 60
	fat · overweight · chubby 62
	envious · jealous 64
전치사, 부사	during · for 66
	before · in front of · across 68
	for sale · on sale 70
	back · again 72

Review 74

Chapter 2
형태가 비슷해서 혼동되는 어휘

동사
- assure · ensure · insure   82
- adapt · adopt · adept   84
- emigrate · immigrate · migrate   86
- precede · proceed   88
- oversee · overlook   90
- affect · effect   92
- compliment · complement   94

명사
- cook · cooker   96
- principle · principal   98
- relation · relationship   100
- shadow · shade   102
- cloth · clothes · clothing   104
- conscience · conscious · consciousness   106
- empathy · sympathy   108
- award · reward   110

형용사
- dead · died · death   112
- efficient · effective   114
- alternate · alternative   116
- terrible · terribly · terrific   118
- fun · funny · interesting   120
- alone · lonely   122
- farther · further   124
- sensible · sensitive   126
- drunk · drunken   128
- economic · economical   130
- historic · historical   132
- continual · continuous   134

부사, 전치사
- hard · hardly   136
- indoors · indoor   138
- beside · besides   140

Review   142

Chapter 3

반대의 뜻으로 다양하게 쓰이는 어휘

동사	
	clip 150
	trim 152
	dust 154
	help 156
	put out 158
	leave 160
	rent 162
	overlook 164
	recover 166
	scan 168
	replace 170
	root 172

형용사	
	anxious 174
	awful 176
	mad 178
	cool 180
	fast 182
	last 184
	practiced 186

명사	
	goods 188

Review 190

RED ENGLISH CARD 200

★ About This Book

챕터별 구성

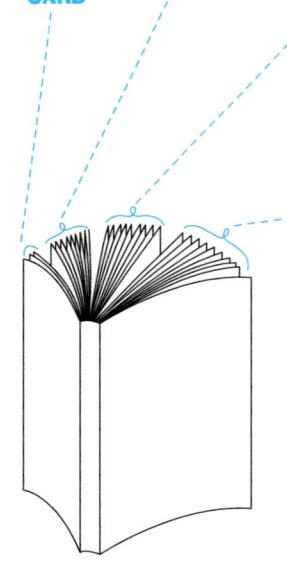

RED ENGLISH CARD

Chapter 3
반대의 뜻으로 다양하게 쓰이는 어휘
하나의 어휘가 반드시 하나의 의미만을 가지고 있는 것은 아니다. 여러 가지 의미를 가지는 어휘들 가운데 특히 반대 의미를 가진 단어들(antagonym)을 모아 구성하였다.

Chapter 2
형태가 비슷해서 혼동되는 어휘
형태와 발음이 비슷한 단어들은 확실히 익혀두지 않으면 단어 하나를 잘못 사용한 것만으로도 의미 전달에 문제가 생길 수도 있다. 형태가 비슷한 어휘를 모아 확실하게 의미를 구분할 수 있도록 구성하였다.

Chapter 1
뜻이 비슷해서 혼동되는 어휘
의미가 비슷한 단어들 중 사용 빈도가 높은 단어를 모아 차이점을 익히고 올바르게 쓸 수 있도록 구성하였다.

파트별 구성

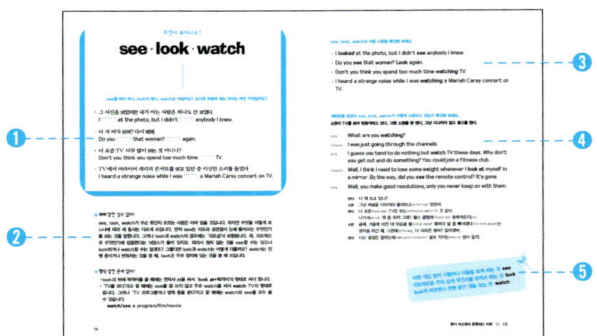

❶ 대응어 찾기
한글 문장 또는 영어 문장이 주어진다. 문장 가운데 밑줄 친 단어가 영어로, 혹은 한국어로 어떤 단어인지 생각해보는 워밍업 단계.

❷ 의미 파악하기
자신이 생각한 단어가 맞았는지 확인하기 위해 각 단어의 의미와 단어별 차이점 및 특징을 살펴보는 단계.

❸ 활용하기
대응어 찾기에서 살펴보았던 한글 또는 영어 문장을 목표 어휘를 활용하여 영작 또는 한글로 번역해 보는 단계.

❹ 대화문을 보면서 활용해보기
각 어휘들이 실제 대화 상황에서 어떻게 활용되는지 살펴보고 적용해보는 확장 단계.

❺ Key Point
본문에서 익힌 내용을 핵심만 간추려 정리하는 단계.

오디오 구성

파트별 구성 ①~④까지 각 단계를 원어민 음성으로 녹음된 예문을 통해 익히는 단계. 취향에 맞게 골라 연습하고 저자 강의로 마무리한다.

❶ Type A : 우리말 해석을 듣고 영어로 말해본다. 한글 문장→영어 문장→대화
❷ Type B : 영어 문장을 듣고 따라 말해본다. 영어 문장→한글 문장→대화
❸ 저자 직강 : 핵심을 짚어주는 저자 강의를 들으면서 확실하게 정리한다.

Chapter 1

★ 뜻이 비슷해서 혼동되는 어휘

무엇이 보이나요?

see · look · watch

see를 써야 하나, look이 맞나, watch는 아닐까요? 표시된 부분에 맞는 단어는 과연 무엇일까요?

- 그 사진을 보았지만 내가 아는 사람은 하나도 안 보였다.
  I ⬜ at the photo, but I didn't ⬜ anybody I knew.

- 너 저 여자 보여? 다시 봐봐.
  Do you ⬜ that woman? ⬜ again.

- 너 요즘 TV 너무 많이 보는 것 아니니?
  Don't you think you spend too much time ⬜ TV.

- TV에서 머라이어 캐리의 콘서트를 보고 있던 중 이상한 소리를 들었다.
  I heard a strange noise while I was ⬜ a Mariah Carey concert on TV.

★ **의미** 알면 실수 없다!

see, look, watch가 무슨 뜻인지 모르는 사람은 아마 없을 것입니다. 하지만 무엇을 어떻게 보느냐에 따라 세 동사는 다르게 쓰입니다. 먼저 see는 의도와 상관없이 눈에 들어오는 무엇인가를 보는 것을 말합니다. 그러나 look과 watch의 경우에는 '의도성'이 포함됩니다. 즉, 의도적으로 무엇인가에 집중한다는 뉘앙스가 들어 있지요. 따라서 원치 않는 것을 see할 수는 있으나 look하거나 watch할 수는 없겠죠? 그렇다면 look과 watch는 어떻게 다를까요? watch는 진행 중이거나 변화하는 것을 볼 때, look은 주로 정지해 있는 것을 볼 때 쓰입니다.

★ **형식** 알면 문제 없다!

- look의 뒤에 목적어를 쓸 때에는 전치사 at을 써서 '**look at**+목적어'의 형태로 써야 합니다.
- 'TV를 보다'라고 할 때에는 see를 잘 쓰지 않고 주로 watch를 써서 **watch** TV의 형태로 씁니다. 그러나 'TV 프로그램이나 영화 등을 본다'라고 할 때에는 watch와 see를 모두 쓸 수 있습니다.
  watch/**see** a program/film/movie

see, look, watch의 바른 사용을 확인해 보세요.

- I **looked** at the photo, but I didn't **see** anybody I knew.
- Do you **see** that woman? **Look** again.
- Don't you think you spend too much time **watching** TV.
- I heard a strange noise while I was **watching** a Mariah Carey concert on TV.

대화문을 보면서 see, look, watch가 어떻게 사용되고 있는지 확인해 보세요.
소현이 TV를 보며 빈둥거리고 있다. 그런 소현을 본 앤디, 그냥 지나치지 않고 충고를 한다.

Andy	What are you **watching**?
Sohyeon	I was just going through the channels.
Andy	I guess you tend to do nothing but **watch** TV these days. Why don't you get out and do something? You could join a fitness club.
Sohyeon	Well, I think I need to lose some weight whenever I **look at** myself in a mirror. By the way, did you **see** the remote control? It's gone.
Andy	Well, you make good resolutions, only you never keep on with them.

앤디 너 뭐 보고 있니?
소현 그냥 채널을 이리저리 돌려보고 go through 있었어.
앤디 너 요즘 these days TV만 보는 nothing but watch TV 것 같아.
       나가서 get out 뭐 좀 하지 그래? 헬스 클럽에 fitness club 등록하든지 join.
소현 글쎄, 거울에 비친 내 모습을 볼 look at myself 때마다 살 좀 빼야겠다 lose some weight는
       생각을 하긴 해. 그런데 by the way, 너 리모콘 봤어? 없어졌어.
앤디 너는 결심은 잘하는데 make good resolutions 결코 지키는 keep on 법이 없지.

어떤 의도 없이 사람이나 사물을 보게 되는 것 **see**
의도적으로 주의 깊게 무언가를 보려고 하는 것 **look**
look과 비슷하나 진행 중인 것을 보는 것 **watch**

뜻이 비슷해서 혼동되는 어휘   15

히어링은 되는데 리스닝이 안 된다고?

hear · listen

hear를 써야 하나, listen이 아닐까요? 표시된 부분에 맞는 단어는 과연 무엇일까요?

- 나는 그 사람들이 문 앞에서 이야기하고 있는 걸 들었지만, 대화 내용을 듣진 못했다.
  I ⬜ them talking in front of the door, but I didn't really ⬜ to their conversation.

- 좀 크게 말해 줄래? 잘 안 들려서 그래.
  Could you speak up? I can't ⬜ you very well.

- 라디오를 듣고 있는데 갑자기 이상한 소리가 들렸다.
  I was ⬜ to the radio when I suddenly ⬜ a noise.

★ **의미** 알면 실수 없다!

'듣다'라는 뜻으로 많이 쓰는 대표적인 단어에는 hear와 listen이 있습니다. 그러면 이 두 단어에는 어떠한 차이점이 있을까요? see, look, watch에서 공부한 것과 마찬가지로 바로 '의도성'입니다. hear은 우리 귀에 자연스럽게 들어오는 모든 소리를 듣는다고 할 때 쓰이는 반면 listen은 뭔가 주의를 기울여 듣는다는 뉘앙스가 담겨 있습니다. 즉 듣기를 원치 않는 소리를 hear할 수는 있어도 listen할 수는 없겠죠?

★ **형식** 알면 문제 없다!

- "잘 들어!"라고 말하고 싶을 때는 간단하게 "listen!"이라고 하면 되지만 listen의 뒤에 목적어를 쓸 때에는 전치사 to를 써서 'listen to+목적어'의 형태로 씁니다.
- listen에는 '의도성'이 포함되어 있다고 했죠? 따라서 carefully나 closely와 같은 부사들과 함께 listen carefully, listen closely와 같이 쓰면 '주의 깊게 귀 기울여 듣다'라는 뜻이 됩니다. hear는 의도성이 없기 때문에 hear carefully나 hear closely라고 쓰면 어색한 표현이 됩니다.

hear, listen의 바른 사용을 확인해 보세요.

- I **heard** them talking in front of the door, but I didn't really **listen** to their conversation.
- Could you speak up? I can't **hear** you very well.
- I was **listening** to the radio when I suddenly **heard** a noise.

대화문을 보면서 hear와 listen이 어떻게 사용되고 있는지 확인해 보세요.

라디오를 들으며 쉬고 있는 앤디. 라디오 소리에 앤디는 전화가 계속 울리는 것도 모르고 있다. 이에 소현이 앤디에게 짜증 섞인 목소리로 이야기한다.

Sohyeon   What are you doing? The phone keeps ringing! Answer the phone, please!
Andy   Oh, I'm sorry. I didn't **hear** the phone 'cause I was **listening to** the radio.
Sohyeon   It's too loud I think. I can **hear** it from the next room.
Andy   Sorry. I won't do that again. I promise.

소현 너 뭐 하고 있어? 전화가 계속 울리잖아keep ringing! 전화 좀 받아answer, 제발!
앤디 어, 미안해. 전화 소리를 못 들었어. 라디오를 듣고 있었거든.
소현 소리가 너무 큰loud 것 같다. 옆방에서도 다 들려.
앤디 미안해. 다신 안 그럴게. 약속해promise.

소리가 들리다 **hear**
소리를 주의 깊게 듣다 **listen (to)**

뜻이 비슷해서 혼동되는 어휘

정확히 어디가 아픈 건데?

hurt · wound · damage

hurt를 써야 하나, wound가 맞나, damage는 아닐까요? 표시된 부분에 맞는 단어는 과연 무엇일까요?

- 그 사고로 차는 많이 파손되었지만 다행히 사람들이 많이 다치지는 않았다.
  The car was badly ☐, but fortunately, the people in the car were only slightly ☐.

- 다행히 운전자가 안전벨트를 매고 있었기 때문에 많이 안 다쳤다.
  Fortunately, the driver was wearing his seat belt and so he wasn't ☐.

- 많은 군인들이 전쟁에서 부상당했다.
  Many soldiers were ☐ in the war.

★ **의미** 알면 실수 없다!

사고나 재해 등으로 몸을 다쳤을 때에는 hurt나 injure를 사용합니다. 차이점은 hurt의 경우 다치거나 부상을 당하여 고통이나 통증이 있다는 것에 초점을 두는 반면 injure는 다치거나 부상당했다는 그 자체에 초점을 둔다는 것입니다. 그리고 전쟁이나 싸움 등에서 총이나 칼 같은 무기로 상처를 입었을 경우에는 wound를 쓰는 것이 자연스럽습니다. damage는 사람을 대상으로 쓰지 않고 주로 사물이나 몸의 특정 부분, 혹은 장기를 다쳤을 때 사용합니다. 예를 들어 The bus driver was very lucky and was only slightly damaged.라고 하면 어색한 표현이 됩니다. 이 문장에서는 주어가 사람이므로 damage가 아닌 hurt나 injure를 쓰는 것이 좋습니다.

★ **형식** 알면 문제 없다!

- '심하게 다치다, 부상당하다'라고 할 때에는 badly, seriously, severely를 이용하여 be badly/seriously/severely **hurt/injured/wounded**라고 쓸 수 있습니다. 반대로 '약간 다치다, 경상을 입다'라고 할 때에는 slightly **hurt/injured/wounded**라고 쓰면 되겠죠?
- 신체 부위를 다쳤다고 할 때는 hurt와 injure의 경우 '**hurt/injure**+신체 부위'로 쓰고, wound의 경우 '**wound**+sb+in the 신체 부위'로 씁니다. 구체적인 부위를 쓰지 않고 '사람이 다쳤다'고 할 때에는 수동태를 써서 '주어+**be hurt/injured/wounded**'라고 하면 됩니다.

hurt, wound, damage의 바른 사용을 확인해 보세요.

- The car was badly **damaged**, but fortunately, the people in the car were only slightly **hurt[injured]**.
- Fortunately, the driver was wearing his seat belt and so he wasn't **injured[hurt]**.
- Many soldiers were **wounded** in the war.

대화문을 보면서 hurt, wound, damage가 어떻게 사용되고 있는지 확인해 보세요.
출근길에 교통사고를 목격한 소현, 앤디와 그 사고에 대해 이야기하고 있다.

Sohyeon   I just witnessed a traffic accident on the way to work today. I think both drivers were **injured** seriously.

Andy   Really? That's too bad. I hope they aren't badly **hurt**. What about the cars?

Sohyeon   The cars are badly **damaged** and were towed away by the police. Due to the accident, the traffic was backed up for some time.

Andy   That's why you're late today. You know what? It so happened that I saw two guys fighting on the street last night. It was serious and one of them was **wounded** in his leg. Both seemed to be members of gangs.

소현   나 오늘 출근하는 길에|on the way to work 교통사고|traffic accident를 목격했어. 양쪽 운전자 모두 심하게|seriously 다친 것 같아.

앤디   정말? 너무 안됐다. 그렇게 심하게|badly 다친 게 아니었으면 좋겠다. 차는 어떻게 됐어?

소현   차들이 심하게 망가져서 경찰이 견인해|tow away 갔어. 그 사고 때문에|due to 교통이|traffic 한동안|for some time 막혔었어|backed up.

앤디   그래서|that's why 네가 오늘 늦은 거구나. 너 그거 알아? 공교롭게|it so happened that~ 나도 어젯밤에 거리에서 두 남자가 싸우는 것을 봤어. 상황이 심각해서|serious 하나가 다리에 부상을 입었다니깐. 둘 다 조직 폭력배|gang인 것 같더라.

사람이 사고로 다치다 **hurt / injure**
물건이 망가지다, 파손되다 **damage**
무기 등으로 상처 입다, 부상당하다 **wound**

주거니 받거니!

lend · borrow

lend를 써야 하나, borrow가 아닐까요? 표시된 부분에 맞는 단어는 과연 무엇일까요?

- 내가 지난 달 빌려준 책 돌려줄 수 있어?
  I want my book back I ☐ you last month.

- 언제 내가 책을 빌렸었나?
  Did I ☐ a book from you?

- 30,000원만 빌려줄 수 있어? 금방 갚을게.
  Can you ☐ me 30,000 won, please? I'll pay you back as soon as possible.

★ **의미** 알면 실수 없다!

lend와 borrow의 의미는 give와 take의 개념으로 생각하면 간단합니다. lend는 내가 남에게 '빌려주다'라는 의미이고, borrow는 내가 남으로부터 무엇인가를 '빌리다'의 뜻입니다. 함께 알아두면 좋은 다른 단어들을 소개해드리겠습니다. lend와 같은 의미로 특히 미국 영어에서 많이 쓰는 단어가 바로 loan입니다. 또한 rent라는 단어는 집이나, 차, 비디오 테이프 등을 얼마의 돈을 받고 대여해 주거나 빌릴 때 모두 쓰입니다. 미국 영어에서는 물건의 종류에 상관없이 rent를 많이 쓰지만 영국 영어에서는 집이나 아파트를 빌린다고 할 때에는 rent를, 의류, 자전거, 차 등을 짧은 기간 동안 빌릴 때에는 hire라는 단어를 더 많이 씁니다.

★ **형식** 알면 문제 없다!

- ~을 …에게 빌려주다   **lend** sth **to** sb/**lend** sb sth
                          rent sth **to** sb
                          hire sth **out to** sb
- ~에게 …을 빌리다   **borrow** sth **from** sb
                          rent sth **from** sb
                          hire sth **from** sb

lend, borrow의 바른 사용을 확인해 보세요.

- I want my book back I **lent** you last month.
- Did I **borrow** a book from you?
- Can you **lend** me 30,000 won, please? I'll pay you back as soon as possible.

대화문을 보면서 lend와 borrow가 어떻게 사용되고 있는지 확인해 보세요.
소현이 독서에 열중하고 있는 모습을 보고 앤디가 어떤 책을 보고 있는지 궁금해 한다.

Andy   What are you reading? It seems interesting.
Sohyeon   This is a newly published novel. The writer is not that famous. But this book is taking well.
Andy   Can I **borrow** it after you have finished reading it?
Sohyeon   Sorry. It is not my book but just a loan from my friend. Why don't you ask Dick to **lend** you the book? I think he has it.
Andy   OK. Thank you.

앤디   너 뭐 읽고 있어? 재미있어 보인다.
소현   새로 출간된newly published 소설이야. 작가가 그렇게 유명하지는famous 않아. 그렇지만 이 책 잘 팔리지take well 대.
앤디   너 다 읽고 나면 나 좀 빌려줄 수 있어?
소현   미안. 내 책이 아니라 친구한테 빌린 것이라서. 딕한테 빌려달라고 하지 그래? 걔도 가지고 있는 것 같던데.
앤디   알았어. 고마워.

빌려주다 lend / loan (give something to...)
빌리다 borrow (take something from...)

침묵은 이제 그만~

say · tell · speak · talk

say를 써야 하나, speak가 맞나, tell은 아닐까요? 표시된 부분에 맞는 단어는 과연 무엇일까요?

- 그녀는 늦을 것이라고 말했다.
  She ▢ that she would be late.

- 그 여자아이가 진실을 말하고 있는 것 같지 않아. 아무래도 그 애 엄마와 이야기해 봐야겠어.
  I don't think she's ▢ the truth. I'd better ▢ to her mother.

- 닉 브라운 교수께서 최근 환경 문제에 관해 말씀해 주시겠습니다.
  Professor Nick Brown is going to ▢ to us on recent environmental issues.

★ **의미** 알면 실수 없다!

'말하다'의 뜻으로 쓸 수 있는 동사는 여러 가지가 있습니다. 그 중에서 가장 일상적으로 쓰이는 say와 tell은 의미는 비슷하지만 용법에 차이가 있습니다. say는 사람을 목적어로 취하지 않지만 tell은 사람을 목적어로 취합니다. speak와 talk의 경우 의미는 비슷하지만 상황에 따라 달리 쓰일 때가 있습니다. 한 사람이 이야기할 때에는 speak와 talk을 모두 쓸 수 있지만 두 사람 이상이 대화를 주고받는 상황이라면 speak보다는 talk이 더 자연스럽습니다. 참고로 speak의 경우 언어(외국어)를 구사할 수 있다거나 전화상으로 누군가를 바꿔달라고 할 때에 자주 등장하는 단어이니 함께 알아두면 좋겠죠?

★ **형식** 알면 문제 없다!

- ~에게 말하다[tell의 경우만 사람을 목적어로 취할 수 있음을 주목해서 보세요.]
  tell sb/**say to** sb/**talk to** sb/**speak to** sb
- tell은 사람을 목적어로 취할 때가 많지만 다음과 같은 관용적인 표현들의 경우 사람을 목적어로 취하지 않아도 됩니다.
  tell a lie/a story/the truth/secrets

say, tell, speak, talk의 바른 사용을 확인해 보세요.

- She **said** that she would be late.
- I don't think she's **telling** the truth. I'd better **talk** to her mother.
- Professor Nick Brown is going to **speak** to us on recent environmental issues.

대화문을 보면서 say, tell, speak, talk이 어떻게 사용되고 있는지 확인해 보세요.
이번 주말 잭의 파티에 초대받은 소현, 앤디에게 전화를 걸어 파티에 올 수 있는지 물어본다.

Sohyeon   Can I **speak** to Andy, please?

Andy   Hi. What's up, Sohyeon?

Sohyeon   I want to ask you if you can come to Jack's party this weekend.

Andy   I'm sorry, but I'm afraid I can't.

Sohyeon   Really? That's too bad. Did you **talk** to him? He'll be disappointed.

Andy   I've already **told** him that I can't come and he **said** that he's okay. Have a good time!

소현   앤디 좀 바꿔주실래요?
앤디   안녕, 무슨 일이야what's up, 소현아?
소현   이번 주말에 잭이 여는 파티에 올 수 있나 물어보려고.
앤디   미안한데, 나 못 갈 것 같아.
소현   정말? 너무 아쉽다. 잭한테 얘기했어? 실망할 텐데disappointed.
앤디   못 간다고 벌써already 얘기했어. 괜찮다고 하더라. 재미있는 시간 보내!

누군가에게 말하다 **tell sb / say to sb / talk to sb / speak to sb**
의미는 비슷하지만 상황에 따라 선호하는 단어가 있다.

교환의 법칙

change · exchange · switch · swap

change를 써야 하나, exchange가 맞나, switch나 swap은 아닐까요?
표시된 부분에 맞는 단어는 과연 무엇일까요?

- 우리는 버스를 두 번 갈아타야 해.
  We have to ▢ buses two times.

- 파운드를 달러로 환전하고 싶은데요.
  I'd like to ▢ pounds for dollars.

- 나 뮤지컬 티켓을 비 콘서트 티켓과 맞바꿨어. 급해. 콘서트장 가려면 사당에서 버스를 갈아타야 하거든.
  I ▢ a musical ticket for a Rain concert ticket. I'm in a hurry. I have to ▢ buses in Sadang to get to the concert hall.

★ **의미** 알면 실수 없다!

기본적으로 모두 '교환하다, 바꾸다'의 의미를 가지고 있습니다. 예를 들어 구입한 물건 등을 다른 것과 교환할 때에는 exchange와 change를 모두 쓸 수 있습니다. 그러나 change는 exchange보다 '변화'의 의미가 더 강해서 버스나 지하철을 갈아탈 때에는 change를 쓰는 것이 자연스럽습니다. switch의 경우 갑작스런 행위의 변화를 강조합니다. 이러한 특징 때문에 신문의 헤드라인에서 많이 볼 수 있습니다. swap은 서로 물건 등을 맞바꿀 때 많이 사용합니다. I swapped my shoes for her skirt.라고 하면 내 신발과 그녀의 치마를 서로 맞바꾸었다는 의미가 되겠죠?

★ **형식** 알면 문제 없다!

- 전치사의 사용에 유의하세요.
  A를 B(물건)로 교환하다, 바꾸다   change/exchange/switch/swap A for B
  A를 B(사람)와 교환하다, 바꾸다   change/exchange/switch/swap A with B

change, exchange, switch, swap의 바른 사용을 확인해 보세요.

- We have to **change** buses two times.
- I'd like to **exchange** pounds for dollars.
- I **swapped** a musical ticket for a Rain concert ticket. I'm in a hurry. I have to **switch[change]** buses in Sadang to get to the concert hall.

대화문을 보면서 change, exchange, switch, swap이 어떻게 사용되고 있는지 확인해 보세요.
학교에 갈 준비를 하느라 바쁜 소현. 엄마는 그런 소현에게 서두르라고 재촉한다.

Mother	You're going to be late. Hurry up!
Sohyeon	Okay! I'm **changing** clothes.
Mother	Will you come home right after school?
Sohyeon	No. I have to go to the department store to **exchange** the jacket I bought yesterday.
Mother	Why don't you do that tomorrow? You don't have any classes tomorrow!
Sohyeon	Yes, I have. I **swapped** my writing class with Jihye. Now I'm in class C, not B.
Mother	Okay! Then, when you have time, help me **switch** the furniture around. It's hard to do all by myself.

엄마 늦겠다. 서둘러 hurry up!
소현 알았어요! 옷 clothes 갈아입고 있어요.
엄마 학교 끝나고 after school 바로 right 집으로 올 거니?
소현 아니요. 어제 산 재킷 바꾸러 백화점 department store에 가야 해요.
엄마 내일 가지 그러니? 내일 수업 없잖아!
소현 아니요, 있어요. 작문 수업을 지혜랑 바꿨어요. 이제 B반이 아니라 C반이에요.
엄마 알았어! 그러면 시간 있을 때 가구 furniture 위치 바꾸는 것 좀
   도와줘. 혼자 by myself 하기는
   힘들거든 hard.

'교환' change / exchange / switch / swap
'교환'과 '변화' change / switch

뜻이 비슷해서 혼동되는 어휘 25

딱 내 스타일이야~!

fit · suit · match[go with]

fit을 써야 하나, suit이 맞나, match는 아닐까요? 표시된 부분에 맞는 단어는 과연 무엇일까요?

- 이 신발은 저한테 안 맞아요. 좀 더 큰 사이즈 있어요?
  These shoes don't ☐ me. Do you have a larger size?
- 이런 스타일이 나한테 어울리긴 하지만 빨간색은 나한테 안 맞아.
  This style ☐ me but red isn't a color that ☐ me.
- 이 블라우스와 어울릴 만한 스카프 있을까요?
  Do you have scarves that ☐ this blouse?

★ **의미** 알면 실수 없다!

옷이나 신발 등을 살 때, '잘 맞다'라고 하면, 사이즈가 맞는다는 의미일 수도 있고 색깔이나 스타일이 나와 잘 맞는다, 즉 어울린다는 의미일 수도 있죠? 영어에서는 이 두 가지 의미가 확연히 구분되는데, 치수나 모양이 잘 맞는다고 할 때에는 fit을, 스타일이나 색깔 등이 잘 어울린다는 의미일 때는 suit을 씁니다. 또 서로 다른 물건을 비교하여 어울린다고 할 때에는 suit이나 fit이 아니라 match나 go with를 씁니다. I chose a white blouse to go with my black skirt.에서는 하얀 블라우스와 검정색 치마가 어울린다는 의미이므로 go with 또는 match를 쓴 것이죠.

★ **형식** 알면 문제 없다!

- 전치사의 사용에 주의하세요. '~에게 잘 맞다'라고 하여 to나 with를 쓰기 쉬운데 fit, suit, match 모두 전치사 없이 '**fit**+sb/**suit**+sb/A **matches** B'라고 써야 합니다.

fit, suit, match, go with의 바른 사용을 확인해 보세요.

- These shoes don't **fit** me. Do you have a larger size?
- This style **suits** me but red isn't a color that **suits** me.
- Do you have scarves that **go with** this blouse?

대화문을 보면서 fit, suit, match, go with가 어떻게 사용되고 있는지 확인해 보세요.
소현이 옷을 사기 위해 옷 가게를 둘러보고 있다. 한 점원이 다가와 몇 가지를 권해준다.

Clerk	Why don't you try this skirt on?
Sohyeon	Well, I don't think this style **suits** me very well.
Clerk	How about this one? Take a look. It's on sale.
Sohyeon	Can I return it if it doesn't **fit**?
Clerk	I'm afraid not because it's on final sale.
Sohyeon	Then, I'd like to try it on before getting it. Can you recommend a jacket that will **go with** this skirt while I'm trying it on?
Clerk	Sure. The fitting room is right over there.
Sohyeon	Thank you.

점원　이 스커트 한 번 입어보시겠어요 try on?
소현　글쎄요, 이런 스타일이 제게는 그렇게 어울리는 것 같지 않아서요.
점원　이건 어떠세요? 한 번 보세요 take a look. 세일 중 on sale이에요.
소현　사이즈가 맞지 fit 않으면 반품할 return 수 있나요?
점원　마지막 세일 중 on final sale이라 안 될 것 같은데요.
소현　그러면 사기 전에 before getting it 입어보고 싶네요 try it on. 입어보는 동안 이 치마와 어울릴 만한 재킷 하나 추천해 recommend 주시겠어요?
점원　물론이지요. 탈의실 fitting room은 바로 저쪽에 right over there 있습니다.
소현　감사합니다.

> 사이즈가 맞을 때 **fit**
> 스타일, 색상이 어울릴 때 **suit**
> 물건들이 서로 어울릴 때 **match[go with]**

이기는 것만이 다는 아니지!

beat · win

beat를 써야 하나, win이 아닐까요? 표시된 부분에 맞는 단어는 과연 무엇일까요?

- 브라질이 두 경기를 연속해서 이길 것 같아?
  Do you think Brazil will ☐ two games in a row?
- 상관없어. 난 그저 한국이 일본을 이기기만을 바랄 뿐이지.
  I don't care. I just hope Korea ☐ Japan!
- 나는 상대 선수를 이기지 못했지만 결국 우리 팀이 승리했어.
  Although I couldn't ☐ my opponent, my team ☐ the game.

★ **의미** 알면 실수 없다!

경기나 선거, 논쟁 등 승부를 가려야 하는 경우가 참 많습니다. 이런 경우에 이기고 싶어하는 마음은 누구나 똑같을 텐데, beat과 win은 모두 '이기다'란 뜻입니다. 하지만 무엇을 이기냐가 중요합니다. 두 동사와 자주 쓰이는 목적어들을 살펴보면 두 동사의 차이점을 알 수 있을 것입니다. 일반적으로 경기나, 선거, 논쟁 등을 이길 때에는 win을 쓰고, 경기, 선거, 논쟁에서 함께 경쟁을 하는 상대방을 이긴다고 할 때에는 beat을 씁니다.

★ **형식** 알면 문제 없다!

- beat과 함께 쓸 수 있는 목적어의 예: **a person, team or group**
- win과 함께 쓸 수 있는 목적어의 예: **a game, match, race, competition, election**

beat, win의 바른 사용을 확인해 보세요.

- Do you think Brazil will **win** two games in a row?
- I don't care. I just hope Korea **beats** Japan!
- Although I couldn't **beat** my opponent, my team **won** the game.

대화문을 보면서 beat과 win이 어떻게 사용되고 있는지 확인해 보세요.
앤디가 야구 경기 중계를 보고 있다. 그 때 소현이 다가와 경기가 어떻게 되어가고 있는지 묻는다.

Sohyeon   The ball game is still going on? What's the score now?
Andy   The game is over. The Korean team came from behind and **won** 8 to 6. It was really close at the end.
Sohyeon   Really? I should have watched it.
Andy   Let's bet on who will **win** the next game.
Sohyeon   I'll bet 10,000 won Korea can **beat** China.

소현 야구 경기 아직도 still 계속하고 go on 있는 거야? 현재 점수 score는?
앤디 경기 끝났어 be over. 한국이 역전해서 come from behind 8대 6으로 이겼어. 끝에는 at the end 정말 접전이었다니까 close.
소현 정말? 봤어야 했는데.
앤디 다음 경기는 누가 이길지 내기하자 bet on.
소현 난 한국이 중국을 이긴다는 데 10,000원 걸겠어 bet.

상대방을 이기다 beat (+사람/팀/그룹)
경기를 이기다 win (+게임/경기/경쟁/선거)

예감 적중, 기대 만발!

expect · anticipate · look forward to

expect를 써야 하나, anticipate가 맞나, look forward to는 아닐까요?
표시된 부분에 맞는 단어는 과연 무엇일까요?

- 우리는 그 날 날씨가 좋을 것으로 기대한다. 그래서 그 여행이 더욱 즐거울 것으로 기대하고 있다.
  We ☐ good weather on that day. So we ☐ great pleasure from our trip.

- 빠른 시일 내에 좋은 회신이 있기를 기다리겠습니다.
  I am ☐ your favorable reply in the near future.

★ **의미** 알면 실수 없다!

'~을 기대하다, 예상하다'라는 표현으로 흔히 알고 있는 단어로는 anticipate, expect, look forward to가 있습니다. 세 동사 모두 앞으로 일어날 일에 대한 예측과 예견의 의미를 가지고 있지만, expect는 어떤 일이 일어날 것이라고 그럴 만한 근거로 인해 예상한다는 뜻이며, look forward to는 미래에 일어날 일에 대해 행복해하거나 흥분된 감정으로 기대한다는 의미를 갖고 있습니다. anticipate는 expect와 look forward to의 의미를 모두 갖고 있습니다. look forward to의 경우 업무상 서신에서, 혹은 비즈니스 상으로 누군가와 처음 만났을 때에도 많이 쓰이는 표현입니다.

★ **형식** 알면 문제 없다!

- anticipate 다음에는 명사나 동명사, that절 등이 올 수 있지만 to부정사는 오지 않으므로 주의하세요.
- look forward to 다음에 동사를 쓰지 않도록 주의하세요. '**look forward to**+명사/동명사'의 형태를 잘 기억해 두시기 바랍니다. (I've been **looking forward to** meeting you. 만나 뵙기를 고대하고 있었습니다.)

expect, anticipate, look forward to의 바른 사용을 확인해 보세요.

- We **expect** good weather on that day. So we **anticipate** great pleasure from our trip.
- I am **looking forward to** your favorable reply in the near future.

대화문을 보면서 expect, anticipate, look forward to가 어떻게 사용되고 있는지 확인해 보세요.
주말에 친구들과 여행 계획이 있는 소현. 그런데 주말에 비가 올 듯하다.

Andy   I **expect** it will rain on the weekend.
Sohyeon   I hope it won't. I'm supposed to go to the East Sea with my friends this weekend. My friends and I are **looking forward to** it.
Andy   Will you put off the trip if it rains?
Sohyeon   I don't think so because I **anticipate** it's not going to rain that much.

앤디   주말에|on the weekend 비가 올 것 같아.
소현   안 왔으면 좋겠다. 이번 주말에 친구들과 동해로 놀러 가기로 되어 있는데|I'm supposed to go. 나랑 내 친구들 모두 기대하고 있단 말이야.
앤디   만약 비가 오면 여행을 연기할 거야|put off?
소현   그렇진 않을 것 같아. 왜냐하면 내 예상에 비가 와도 많이는 올 것 같지 않거든.

예상하다 expect
기뻐하며 기대하다 look forward to
예상하다, 기뻐하며 기대하다 anticipate

뜻이 비슷해서 혼동되는 어휘

원하고 원하면 이루어질까?

hope · wish

hope를 써야 하나, wish가 아닐까요? 표시된 부분에 맞는 단어는 과연 무엇일까요?

- 그녀가 이 선물을 좋아했으면 좋겠다.
  I ⬜ she'll like this present.

- 매일 비만 왔어. 휴가 동안 거기 안 갔더라면 좋았을걸.
  It rained every day. I ⬜ I hadn't gone there for my holidays.

★ **의미** 알면 실수 없다!

두 동사는 모두 '바라다, 원하다'라는 뜻이지만 약간의 차이가 있습니다. 실현 가능성이 있느냐 없느냐에 따라 다른 동사를 쓰는데요, 실현 가능한 일에는 hope를 쓰고 실현 가능성이 별로 없는 일에는 wish를 씁니다. 이러한 이유로 wish는 가정법 구문에서 자주 볼 수 있습니다. 이렇게 단어의 의미를 이해하면 문법 사항에 대한 접근도 한결 쉬워질 수 있으므로 단어를 공부할 때에는 이러한 사항들을 총체적으로 학습하는 것이 좋습니다.

★ **형식** 알면 문제 없다!

- 두 단어가 비슷한 뜻으로 쓰이는 경우가 있습니다. 예문을 살펴볼까요? I hope you have a merry Christmas.와 I wish you a merry Christmas.에서와 같이 wish 다음에 that절이 아닌 명사구가 나올 때에는 wish가 hope와 비슷한 뜻을 나타냅니다.
- 의미 설명에서 wish는 가정법에서 자주 볼 수 있는 단어라고 했습니다. '**wish** that+주어+동사의 과거형/과거 완료형/would/could' 등의 형식은 가정법에서 자주 볼 수 있는 형식입니다.

hope, wish의 바른 사용을 확인해 보세요.

- I **hope** she'll like this present.
- It rained every day. I **wish** I hadn't gone there for my holidays.

대화문을 보면서 hope와 wish가 어떻게 사용되고 있는지 확인해 보세요.

결혼한 친구가 소현에게 아들 돌잔치에 오라고 초대한다. 안타깝게도 소현은 출장이 잡혀 있어 초대를 거절할 수밖에 없다.

Friend   I'm having a party in celebration of my baby's first birthday this weekend. I **hope** you can come.

Sohyeon   I **wish** I could, but I can't. I'm really sorry. I have to go on a business trip abroad.

Friend   Don't be sorry. I **wish** you a safe journey.

Sohyeon   I **hope** you enjoy the party.

친구   이번 주말에 우리 아기 돌|first birthday 잔치|a party in celebration of 할 거야. 네가 왔으면 좋겠다.

소현   갈 수 있으면 좋겠는데 갈 수가 없다. 정말 미안해. 나 해외로|abroad 출장 가야|go on a business trip 하거든.

친구   미안해할 것 없어. 출장 조심해서|safe journey 다녀오기 바래.

소현   파티 즐겁게 하기|enjoy the party 바랄게.

실현 가능성이 있는 일을 바라다 hope
실현 가능성이 없는 일을 소망하다 wish
상대방에게 좋은 일을 기원해주다 hope that ~ / wish sb sth

무엇을 입을까?

put on · wear

put on을 써야 하나, wear은 아닐까요? 표시된 부분에 맞는 단어는 과연 무엇일까요?

- 검은색 정장을 입고 있는 저 여자 보여?
  Do you see the woman who's ☐ the black suit?

- 잠깐만! 거의 다 됐어. 지금 코트를 입고 있다고!
  Wait a minute! I'm almost ready. I'm ☐ my coat.

★ **의미** 알면 실수 없다!

우리말에서는 '입다'라는 단어로 '동작'과 '상태'를 모두 표현할 수 있지만 영어에서는 상황에 따라 다른 단어를 써주지 않으면 어색한 표현이 됩니다. 먼저 우리에게 익숙한 wear을 살펴보겠습니다. wear의 경우 동작이 아닌 입고 있는 '상태'를 이야기할 때에 쓰입니다. 이러한 의미적 특성 때문에 현재형으로 사용하여 평소에 안경을 쓴다든지 렌즈를 낀다든지 특정 색깔의 옷은 입지 않는다든지 하는 취향이나 습관에 대해 이야기할 때에도 wear을 활용할 수 있습니다. 반면에 put on은 옷, 장신구, 신발, 모자 등을 몸에 착용하는 '동작'을 강조하는 동사입니다.

★ **형식** 알면 문제 없다!

- wear와 비슷한 뜻으로 많이 사용되는 표현으로는 have on이 있습니다. wear와 have on을 사용한 다음의 두 예문은 같은 뜻입니다.
    He was **wear**ing black jacket.
    = He **had on** black jacket.
- '화장을 하다'라는 표현은 put on을 사용하여 put on makeup이라고 표현하면 됩니다.
- put on의 반대 뜻으로 쓰이는 단어는 put off가 아니라 take off(~을 벗다)입니다.

put on, wear의 바른 사용을 확인해 보세요.

- Do you see the woman who's **wearing** the black suit?
- Wait a minute! I'm almost ready. I'm **putting on** my coat.

대화문을 보면서 put on과 wear가 어떻게 사용되고 있는지 확인해 보세요.
소개팅을 하기로 한 소현이 바쁘게 치장을 하고 있다. 이 때 앤디가 다가와 소현에게 묻는다.

Andy   Why did you **put on** makeup?
Sohyeon   I have a blind date today.
Andy   That's why you're **wearing** contact lenses. You usually **wear** glasses.
Sohyeon   I'd look silly **wearing** glasses.
Andy   Why don't you **put on** this necklace? I think it goes with your blouse.
Sohyeon   Thank you. I will.

앤디   화장makeup 왜 했어?
소현   오늘 소개팅blind date이 있거든.
앤디   그래서that's why 네가 렌즈contact lenses를 끼고 있는 거구나. 보통은usually 안경 쓰잖아.
소현   안경 쓰면 바보silly 같아 보일 거야.
앤디   이 목걸이necklace 하는 게 어때? 내 생각에 그 블라우스와 잘 어울릴go with 것 같은데.
소현   고마워. 그래야겠다.

입는 동작을 강조 **put on**
입고 있는 상태를 강조 **wear**

뜻이 비슷해서 혼동되는 어휘  35

어디를 어떻게 다쳤는지 알아야 치료를 하지!

cure · heal · treat

cure를 써야 하나, heal이 맞나, treat는 아닐까요? 표시된 부분에 맞는 단어는 과연 무엇일까요?

- 그 약으로 암의 진행을 늦출 수는 있지만 완전히 치료하지는 못한다.
  The medication can slow down the progression of the cancer but it can't ☐ it.

- 의사는 그 아이의 머리에 난 상처를 치료했고, 그 상처는 곧 치유되었다.
  The doctor ☐ the boy for his head wound and it ☐ soon.

★ **의미** 알면 실수 없다!
  '치료하다'라는 의미를 가진 동사에는 cure, heal, treat 등이 있습니다. 일반적으로 외상(자상, 골절 등)을 치료한다고 할 때에는 heal을 많이 쓰고, 의사나 의학적 치료법 등에 의해 질병이 완전히 낫는다는 것을 강조할 때에는 cure를 많이 씁니다. 그래서 어떠한 질병이 완치될 수 있냐고 물을 때에는 cure를 활용하는 것이 자연스럽습니다. 마지막으로 treat는 cure와 비슷하지만 환자를 치료하기 위해, 혹은 질병을 치유하기 위해 의학적인 도움을 준다는 의미입니다.

★ **형식** 알면 문제 없다!
  - 세 동사의 용법 중 heal의 경우 상처 등이 주어로 오면 자동사로서 쓰일 수 있으므로 수동태로 사용하지 않도록 주의해야 합니다.
    The wound was healed slowly. (×)
    The wound **healed** slowly. (O)
  - 전치사의 사용을 살펴봅시다. '~의 ··· 질병을 치료하다'라고 할 때에는 전치사 from이 아닌 of를 씀에 유의하세요.
    cure somebody **from** disease (×)
    cure somebody **of** disease (O)

cure, heal, treat의 바른 사용을 확인해 보세요.

- The medication can slow down the progression of the cancer but it can't **cure** it.
- The doctor **treated** the boy for his head wound and it **healed** soon.

대화문을 보면서 cure, heal, treat가 어떻게 사용되고 있는지 확인해 보세요.
친구가 위암에 걸렸다는 이야기를 들은 소현이 안 좋은 소식을 앤디에게 전한다.

Sohyeon Did you hear about Jinho?

Andy About what?

Sohyeon He went to the doctor for a check-up and learned that he has developed stomach cancer. So he has been undergoing **treatment** in the hospital since last week.

Andy Really? Can it be **cured**?

Sohyeon I'm not sure. Maybe he has to have an operation.

Andy That's too bad. It's not long since his broken leg **healed**.

Sohyeon Right. Misfortunes never come singly.

소현 진호 이야기 들었니?
앤디 무슨 얘기?
소현 진호가 건강 진단 check-up 받으러 의사한테 갔다가 go to the doctor 위암 stomach cancer에 걸린 develop 것을 알았대. 그래서 지난주부터 병원에서 치료 받고 undergo treatment 있나 봐.
앤디 정말? 완치는 가능하대?
소현 잘 모르겠어. 아마 수술해야 have an operation 할 거야.
앤디 너무 안됐다. 부러진 다리가 나은 지도 얼마 안됐잖아 not long since.
소현 맞아. 불행 misfortunes은 혼자 singly 오지 않는다더니.

질병, 사람을 치료하여 완전히 낫게 하다 **cure**
외상[상처]을 치료하다, 외상이 치유되다 **heal**
(의사 등이) 의학적인 치료, 도움을 주다 **treat**

가격은 그 때 그 때 달라요~

price · charge · fee

price를 써야 하나, charge가 맞나, fee는 아닐까요? 표시된 부분에 맞는 단어는 과연 무엇일까요?

- 그 차를 사고 싶은데 가격이 너무 비싸다.
  I want to buy the car, but the ☐ is too high.
- 계산서에는 10%의 서비스 요금이 포함되어 있습니다.
  The bill includes a 10% service ☐.
- 모든 신입생들은 등록비를 지불해야 합니다.
  Every new student has to pay a registration ☐.

★ **의미** 알면 실수 없다!

물건을 살 때, 혹은 서비스를 이용할 때 그에 따른 비용을 지불합니다. 이에 해당하는 영어 단어에는 여러 가지가 있습니다. 먼저 price는 물건을 살 때 그 대가로 치르는 돈을 뜻합니다. 즉 물건의 '가격'이라고 할 수 있겠죠. 반면 charge는 서비스 이용 '요금'이나 '수수료'를 이야기할 때 많이 사용합니다. 컴퓨터가 고장 나서 수리를 받고자 할 때 수리 비용이 든다거나, 예약 등을 할 때 예약 비용이 든다면 charge를 쓸 수 있겠죠. fee는 서비스 이용 요금, 예를 들어 입장료나 등록비 등을 이야기할 때, 그리고 의사나 변호사, 상담사 같은 전문가들에게서 제공받는 서비스에 대한 대가를 이야기할 때 많이 사용합니다. 참고로 교통수단 이용 요금에는 fare를 써서 bus fare, train fare 등으로 쓸 수 있습니다.

★ **형식** 알면 문제 없다!

- 관용어로 free of **charge**라고 하면 어떤 서비스를 무료로 제공받는 것을 말합니다.
- fee는 어떻게 활용할 수 있을까요? '등록비'는 a registration **fee**, '의료비'는 a medical **fee**, '입장료'는 an entrance **fee**입니다.

price, charge, fee의 바른 사용을 확인해 보세요.

- I want to buy the car, but the **price** is too high.
- The bill includes a 10% service **charge**.
- Every new student has to pay a registration **fee**.

대화문을 보면서 price, charge, fee가 어떻게 사용되고 있는지 확인해 보세요.
갑자기 먹통이 된 컴퓨터를 보고 당황한 소현. 수리공을 불러서 문제점이 무엇인지 묻고 있다.

Sohyeon　When I turned on the computer, the monitor suddenly went blank.
Repairman　Well, I think it's not just a problem with the monitor. How about buying a new one? Computer **prices** are quite low at present.
Sohyeon　I wish I could, but I've used it for only a year.
Repairman　Then, I'll try to fix it, but it might cost a lot more than you expect.
Sohyeon　How much will you **charge** for it?
Repairman　I don't know yet. First I need to take it to the repair shop. And there's also a small **charge** for delivery.
Sohyeon　OK. I see.
Repairman　I also recommend you install an anti-virus program. You can use it for a small service **fee**.

소현　컴퓨터를 켜니까turn on 갑자기suddenly 화면에 아무것도 나오지 않았어요go blank.
수리공　글쎄요, 단순히 모니터 문제는 아닌 것 같은데요. 새로 하나 사시는 건 어때요? 현재at present 컴퓨터 가격이 꽤 싸요quite low.
소현　그럴 수 있다면 좋겠지만I wish I could, 딱 일 년밖에for only a year 안 썼어요.
수리공　그러면 고쳐fix 보도록 하지요. 하지만 예상하신expect 것보다는 비용이 더 들어갈지 모릅니다.
소현　얼마를how much 드려야 하나요?
수리공　아직yet 모릅니다. 일단 수리점repair shop에 가져가야 해요. 그리고 배송delivery에도 약간의 요금이 붙습니다.
소현　네, 알겠어요.
수리공　또한 바이러스 치료anti-virus 프로그램을 설치하시기install를 권장해 드립니다. 저렴한small 요금으로 서비스 받을 수 있거든요.

물건의 가격 **price**
서비스 요금, 수수료 **charge**
서비스 요금, 보수나 사례금; (복합어로) 입장료, 등록비 등 **fee**

결혼식은 행복한 결혼의 시작!

marriage · wedding

marriage를 써야 하나, wedding이 아닐까요? 표시된 부분에 맞는 단어는 과연 무엇일까요?

- 왜 너희 언니 결혼식에 나를 초대하지 않았니?
  Why didn't you invite me to your sister's ⬜?
- 결혼한 세 쌍 중 한 쌍은 이혼한다.
  One in 3 ⬜ end in divorce.

★ **의미** 알면 실수 없다!

'결혼' 하면 혼동되는 단어가 바로 marriage와 wedding입니다. 먼저 marriage는 '결혼'을 의미하는 가장 일반적인 단어로서 결혼과 결혼 생활 등을 모두 아우르는 말입니다. 그리고 wedding은 '결혼식', 즉 결혼 예식 자체를 가리키는 단어입니다. 두 단어의 의미 파악은 간단하지만 이 두 단어가 어떠한 단어들과 함께 쓰이는지를 잘 살펴보는 것이 중요합니다.

★ **형식** 알면 문제 없다!
- '결혼 기념일'은 **wedding** anniversary, '청첩장'은 a **wedding** card, '결혼 피로연'은 a **wedding** reception이라고 표현합니다. 모두 '결혼식'과 연관된 단어들이죠? 따라서 이때 wedding 대신 marriage를 쓰면 어색한 표현이 됩니다.
- '행복한/불행한 결혼'은 a(n) happy/unhappy **marriage**, '중매 결혼'은 an arranged **marriage**라고 표현합니다. 모두 결혼이나 결혼 생활과 관련된 단어들입니다.

marriage, wedding의 바른 사용을 확인해 보세요.

- Why didn't you invite me to your sister's **wedding**?
- One in 3 **marriages** end in divorce.

대화문을 보면서 marriage와 wedding이 어떻게 사용되고 있는지 확인해 보세요.
결혼을 앞두고 있는 앤디에게 소현이 축하를 전하는데 어쩐 일인지 앤디는 걱정이 있는 눈치다.

Sohyeon Congratulations! I heard that she has finally decided to marry you.
Andy Yes, but her parents are still against our **marriage**. I'm trying my best to make them change their minds. But they don't seem to want to come to our **wedding**.
Sohyeon I'm so sorry to hear that! How's your fiancée? Is she okay?
Andy She's pretending to be calm on the surface.
Sohyeon That's too bad. I hope everything turns out to be alright.
Andy I hope so, too.

소현 축하해congratulations! 그녀가 마침내finally 너와 결혼하기로 결심했다고 들었어.
앤디 응, 하지만 그녀의 부모님이 여전히 우리 결혼을 반대하셔be against. 부모님 마음을 돌리려고change their minds 최선을 다하고 있어try one's best. 하지만 우리 결혼식에도 오고 싶어하지 않으시는 것 같아.
소현 그 얘기 들으니 정말 유감이다! 약혼녀fiancée는 어때? 괜찮아?
앤디 겉으로는on the surface 괜찮은 척pretend to be calm하려고 하지.
소현 참 안됐다. 모든 일이 다 잘 되기를turn out to be alright 바란다.
앤디 나도 그랬으면 좋겠다.

결혼, 결혼 생활 **marriage**
결혼식 **wedding**

뜻이 비슷해서 혼동되는 어휘  41

여행을 떠나요~!

trip · journey · travel

trip을 써야 하나, journey가 맞나, travel은 아닐까요? 표시된 부분에 맞는 단어는 과연 무엇일까요?

- 아버지는 지금 출장가고 안 계셔요.
  My father is away on a business ▢ at the moment.
- 차로 6시간 정도 걸리는 여정이에요.
  It's 6 hours' ▢ by car.
- 나는 해외 여행을 좋아한다.
  I love ▢ abroad.

★ **의미** 알면 실수 없다!

journey의 기본적인 의미는 한 장소에서 다른 장소로 이동하는 것입니다. 특히 영국 영어에서는 통근과 같이 정기적으로 왔다갔다 하는 이동을 이야기할 때에도 쓰입니다. 이때에는 이동에 초점을 맞추어 '여정'을 뜻하는 것입니다. trip은 보통 짧은 기간에 어떤 장소에 갔다 돌아오는 가벼운 여행을 의미하며, 미국 영어에서는 '여정'의 의미로서 journey 대신에 trip이 쓰이기도 합니다. travel은 일반적인 여행을 의미하는데 주로 동사로 쓰이고, 명사로 쓰일 때에는 셀 수 없는 명사로 쓰입니다. 그리고 긴 여행이나 장거리 여행, 또한 중대한 목적을 가진 여행에는 trip을 잘 쓰지 않고 travel이나 journey를 쓰는 경향이 있습니다.

★ **형식** 알면 문제 없다!

- trip은 동사로 쓰일 때에는 '무엇에 걸려 넘어지거나 넘어질 뻔하다'는 뜻입니다. 즉 명사일 때에만 '여행'의 의미로 쓰이는 것이지요.
- trip을 이용한 표현들을 살펴볼까요? '여행을 가다'는 take/go on/make a **trip**이라고 하면 됩니다. 그리고 have a **trip**은 올바른 표현이 아니라는 것을 명심하세요.
- '출장'은 business **trip**, '현장 학습'은 a field **trip**이라고 표현합니다.
- travel이 명사로 쓰일 때에는 셀 수 없는 명사이므로 a travel이라고 쓰지 않으니 주의하세요.

trip, journey, travel의 바른 사용을 확인해 보세요.

- My father is away on a business **trip** at the moment.
- It's 6 hours' **journey** by car.
- I love **travelling** abroad.

대화문을 보면서 trip, journey, travel이 어떻게 사용되고 있는지 확인해 보세요.
앤디는 차로 여행을 다녀왔다. 소현이 앤디에게 여행이 어땠는지 묻는다.

Sohyeon How was your **trip**?
Andy It was nice. But the car broke down on the way there, so the **journey** took more time than I expected. Anyway, I really enjoyed the **trip**.
Sohyeon That's why I like **travelling** by train. The train rarely breaks down.
Andy I think I'd better use the train for a long **journey**.
Sohyeon Right.

소현 여행 어땠어?
앤디 좋았어. 그런데 거기|there 가는 길에|on the way 차가 고장 나서|break down, 내가 예상했던 expect 것보다 여정이 더 오래 걸렸지|take more time. 어쨌든 정말 즐겁게 여행했어.
소현 그래서|that's why 내가 기차로|by train 여행하는 것을 좋아한다니까.
       기차는 거의 고장나지 않으니까|rarely.
앤디 긴 여행에는 기차를 이용하는 편이 나을 것 같아.
소현 맞아.

여정 (이동한다는 행위에 초점) **journey**
일반적인 여행의 총칭 **travel**
짧은 여행, 갔다가 출발점으로 돌아오는 것을 포함 **trip**

뜻이 비슷해서 혼동되는 어휘   43

일과 직업의 세계

work · job · occupation

work를 써야 하나, job이 맞나, occupation은 아닐까요? 표시된 부분에 맞는 단어는 과연 무엇일까요?

- 그녀가 JJ 회사에서 일한다고 들었는데 정확히 어떤 일을 하는지는 모르겠어.
  I heard that she ☐ for JJ Company, but I'm not sure what kind of ☐ she does.

- 이름과 나이, 직업 등을 적어 주십시오.
  Would you please put your name, age, and ☐ down?

- 종일 근무할 수 있는 일을 구하고 싶은데 요즘엔 시간제 일밖에 없더라.
  I want to get a full-time ☐, but there's only part-time ☐ at present.

★ **의미** 알면 실수 없다!

'일'이나 '직업'을 뜻하는 단어에는 여러 가지가 있지만 그 중 가장 일반적으로 쓰이는 명사는 job과 work입니다. 즉 두 단어는 생계를 위해 갖는 '직업'이나 특정 종류의 '업무' 혹은 '일'을 의미하지요. 그리고 occupation은 구어체보다는 문어체에서 많이 쓰는 단어로 일상 회화에서는 잘 쓰지 않습니다. 참고로 상대방의 직업을 물을 때 What is your job/work/occupation?이라고 하면 어색한 표현이 됩니다. What do you do (for a living)?라고 해야 자연스럽습니다.

★ **형식** 알면 문제 없다!

- job은 셀 수 있는 명사이므로 a job이나 jobs가 되어야 합니다. work는 셀 수 없는 명사이므로 a work나 works라는 표현을 쓰지 않도록 주의하세요. 물론 work가 '작품'이라는 뜻으로 쓰일 때에는 셀 수 있는 명사로 쓰입니다.
- go to **work**라고 하면 '일하러 가다,' 즉 '출근하다'는 의미가 되는데 이때에 work 앞에 소유격 대명사를 넣지 않도록 합니다. 또한 work가 동사로 쓰여 '~에서 일하다'라고 할 때에 전치사 for나 in 모두 쓸 수 있는데, '~ 회사에서 근무하다'라고 할 때에는 **work for**를, 회사 내의 어떤 부서, 장소 등을 이야기할 때에는 **work in**을 씁니다.

work, job, occupation의 바른 사용을 확인해 보세요.

- I heard that she **works** for JJ Company, but I'm not sure what kind of **job** she does.
- Would you please put your name, age, and **occupation** down?
- I want to get a full-time **job**, but there's only part-time **work** at present.

대화문을 보면서 work, job, occupation이 어떻게 사용되고 있는지 확인해 보세요.
스트레스에 관한 신문 기사를 읽고 있던 앤디, 이 때 소현이 다가와 무엇을 하고 있었냐고 묻는다.

Sohyeon　**What are you doing?**

Andy　**I'm reading a newspaper. It says people in manual occupations seem to suffer less from stress. Do you agree?**

Sohyeon　**Well, half and half. My father gets stressed out 'cause he's not sure how much longer he can work. In that sense, people doing physical labor have stress, too.**

Andy　**You're right. Every worker gets stressed out no matter what kind of work they have. I feel stressed, too.**

Sohyeon　**You do? In my case, I'm trying to enjoy working. I think I'm lucky to have a job in this competitive world!**

소현　너 뭐 하고 있니?
앤디　신문 보고 있어. '육체manual 노동을 하는 사람들이 스트레스를 덜 받는다suffer less from stress'라고 나와 있네it says. 너도 동의해?
소현　글쎄, 반반이야half and half. 우리 아버지는 얼마나 더 오래how much longer 일을 할 수 있을지 확신할 수 없기 때문에 스트레스를 받으셔get stressed out. 그런 의미에서는in that sense 육체 노동physical labor을 하는 사람들 역시 스트레스가 있다는 얘기지.
앤디　네 말이 맞다. 직업의 종류를 막론하고no matter what 모든 직장인들이 스트레스를 받기 마련이지. 나도 역시 스트레스를 받거든feel stressed.
소현　그래? 내 경우엔in my case 일을 즐기려고 enjoy working 노력해. 이런 경쟁적인competitive 세상에서 직업이 있다는 것이 행운이라lucky고 생각해!

셀 수 있는 명사 **job**
문어체, 격식적 **occupation**
셀 수 없는 명사나 동사로 쓰이는 **work**

약속 꼭 지키겠다고 약속해~

appointment · promise

appointment를 써야 하나, promise가 아닐까요? 표시된 부분에 맞는 단어는 과연 무엇일까요?

- 미리 약속하지 않으셨다면 회장님을 만나실 수 없습니다.
  You can't see the president without an ⬜.

- 그는 청구서 대금을 지불하겠다고 약속했다.
  He made a ⬜ to pay the bill.

- 약속은 약속이지.
  A ⬜ is a ⬜.

★ **의미** 알면 실수 없다!

우리말로 '약속'은 다양한 상황에 쓰일 수 있습니다. 예를 들어 '친구와 점심 약속이 있어.'라고 하거나 '다시는 그러지 않겠다고 약속할게.' 등에서와 같이 말이죠. 하지만 영어에서는 각 상황별로 다른 단어를 써야 합니다. 먼저 appointment는 특정 시간에 의사나 변호사, 혹은 비즈니스 관계로 누군가와 만나기로 할 때의 '약속'을 의미합니다. 따라서 보통 친구들과 약속이 있는지 물어볼 때에는 appointment를 쓰는 것보다는 간단히 Do you have any plans tomorrow?(내일 약속 있어?), Are you doing anything tomorrow?(내일 뭐 해?/약속 있어?), Are you busy tomorrow?(내일 바쁘니?)라고 묻는 편이 자연스럽습니다. 반면 promise는 '~을 하겠다'는 다짐이나 계약을 의미합니다. 따라서 이 두 단어를 바꾸어 쓴다면 상당히 어색하게 들리겠죠?

★ **형식** 알면 문제 없다!

- '~와 만날 약속이 있다/약속을 잡다'라고 쓰고 싶다면 have/make와 같은 동사를 활용해 보세요.
  have/make an **appointment** with
- '약속(다짐을 의미하는 약속)을 하다/깨다'라는 표현을 쓰고 싶다면 make/break와 같은 동사를 활용해 보세요.
  make/break a **promise**

appointment, promise의 바른 사용을 확인해 보세요.

- You can't see the president without an **appointment**.
- He made a **promise** to pay the bill.
- A **promise** is a **promise**.

대화문을 보면서 appointment와 promise가 어떻게 사용되고 있는지 확인해 보세요.
여자 친구와의 약속에 또 늦은 앤디. 여자 친구는 무척 화가 나 있다.

Sohyeon   You are late again. This is the second time this week!
Andy   I'm so sorry. Something came up at the office and I couldn't get away.
Sohyeon   You could have called me. And I said I have an **appointment** at 5.
Andy   It won't happen again. I **promise**.
Sohyeon   You **promised** not to be late last time. You have made the very same mistake again!
Andy   I know. I'm really sorry. Give me another chance.
Sohyeon   We've got only one hour before that **appointment**. What on earth can we do just for an hour?

소현   너 또 늦었어. 이번 주에만 두 번째the second time야!
앤디   정말 미안해. 사무실에 갑자기 일이 생겨서come up 빠져나올get away 수가 없었어.
소현   나에게 전화라도 해줄 수 있었잖아could have called. 그리고 내가 5시에 약속 있다고 말했는데.
앤디   다신 이런 일 없을 거야. 약속해.
소현   너 지난번에last time 안 늦겠다고 약속했잖아. 다시 똑같은 실수mistake를 했다니!
앤디   알아, 정말 미안해. 한 번만 더 기회another chance를 줘.
소현   내 약속 시간까지 한 시간밖에only one hour 남지 않았어. 도대체on earth 한 시간 동안 뭘 할 수 있겠니?

'만남'을 위한 약속 *appointment*
'다짐'을 뜻하는 약속 *promise*

그 사고는 우연이었을까 아니면 고의였을까?

accident · incident

accident를 써야 하나, incident가 아닐까요? 표시된 부분에 맞는 단어는 과연 무엇일까요?

- 운전 중에 휴대폰을 사용하는 것은 위험하다. 그것은 자동차 사고를 유발할 수도 있다.
  Using cell phones while driving is dangerous. It could cause a car ____.
- 지난 밤에 시내에서 총기 사고가 발생했다.
  There was a shooting ____ downtown last night.

★ **외미** 알면 실수 없다!

뉴스를 보면 하루도 빠지지 않고 사건 사고 소식들이 나옵니다. 그 사건 사고들 가운데 우연히, 예기치 못하게 일어난 사고나 불의의 사고, 천재지변 등 어쩔 수 없이 당하게 되는 사고의 경우 accident를 쓰면 됩니다. 예를 들어 교통사고나 자연재해 등이 그것이죠. 반면 의도적이며 고의적으로 발생하는 사건들은 incident입니다. 따라서 범죄나 폭력 사건을 언급할 때에 자주 등장하는 단어이죠. accident는 어쩔 수 없지만 incident라도 줄일 수 있다면 얼마나 좋을까요?

★ **형식** 알면 문제 없다!

- accident를 활용한 다양한 표현들을 살펴보겠습니다. '교통사고'는 a road[traffic] **accident**, '뺑소니 사고'는 a hit-and-run **accident**, '산업 재해'는 an industrial **accident**로 모두 예기치 못하게 당하게 되는 사고이므로 accident를 사용했죠?
- incident를 활용한 다양한 표현들을 살펴보면 '국경 분쟁'은 a border **incident**, '외교적 사건'은 a diplomatic **incident**, '국제적 사건'은 an international **incident**로 모두 의도적이며 계획된 사건들을 일컬음을 알 수 있습니다.

accident, incident의 바른 사용을 확인해 보세요.

- Using cell phones while driving is dangerous. It could cause a car **accident**.
- There was a shooting **incident** downtown last night.

대화문을 보면서 accident와 incident가 어떻게 사용되고 있는지 확인해 보세요.
앤디가 다이애나 황태자 비의 죽음을 다룬 프로그램을 보고 있다.

Sohyeon: What are you watching?

Andy: It's a program about Princess Diana. You know that she died in a car **accident** in Paris. But some people say it was not just an **accident**!

Sohyeon: I know. Many people believe there's a conspiracy against her. They say it was a planned **incident**.

Andy: Who knows?

소현: 너 뭐 보고 있니?
앤디: 다이애나 황태자비에 대한 프로그램이야. 너 그녀가 파리에서 자동차 사고로 죽은die 거 알지. 그런데 어떤 사람들은 그것이 단순한 사고가 아니었다고 말하는 거야!
소현: 알아. 많은 사람들이 그녀에 대한 음모conspiracy가 있다고 믿지believe. 그것이 계획된planned 사고였다고 말하면서 말이야.
앤디: 누가 알겠어?

예기치 못한 사고 accident
의도적 사고 incident

상황에 따라 상태도 다르지

situation · state · condition

situation을 써야 하나, state가 맞나, condition은 아닐까요? 표시된 부분에 맞는 단어는 과연 무엇일까요?

- 사용 기간을 생각하면 이 휴대폰은 상태가 아주 좋아.
  Considering its age, this cell phone is still in good ☐.
- 상황은 다른 회사에서도 크게 다르지 않다.
  The ☐ is not much different at other companies.
- 집이 이런 상태인 걸 알면 엄마는 날 가만두지 않으실 거야.
  My mother will kill me if she finds the house in this ☐.

★ **의미** 알면 실수 없다!

상태나 상황을 의미하는 단어들을 살펴보겠습니다. 먼저 condition은 물리적 상태로서 사람이나 사물 모두를 대상으로 표현할 수 있습니다. 또한 건강 상태에 대해 언급할 때도 쓰입니다. 그리고 condition이 복수로 쓰일 때는(conditions) 어떤 것이 발생하는 환경을 일컫습니다. situation은 특정 시간과 장소에 따라 발생하는 상황들을 총괄하여 지칭합니다. state는 '상태'를 의미하는 가장 일반적인 말로 condition과 비슷하나 condition보다 더 포괄적으로 쓰이고 건강, 외관, 감정 등의 보다 넓은 개념의 '상태'에 적용할 수 있습니다.

★ **형식** 알면 문제 없다!

- situation : economic/political/financial **situation** 경제적/정치적/재정적 상황
  present/current **situation** 현재 상황
- state : present/current/emotional/physical **state** 현재/현재/감정적/물리적 상태
- condition : in (a) good/terrible **condition** 물리적 상태로서 좋은/엉망인 상태
  in (a) critical/stable **condition** (건강)이 위독한/안정적인 상태
  living/housing/working **conditions** (복수로 쓰여) 생활/주거/근무 환경

situation, state, condition의 바른 사용을 확인해 보세요.

- Considering its age, this cell phone is still in good **condition**.
- The **situation** is not much different at other companies.
- My mother will kill me if she finds the house in this **state**.

대화문을 보면서 situation, state, condition이 어떻게 사용되고 있는지 확인해 보세요.
요즘 직장에서 스트레스에 시달리고 있는 소현, 앤디와 직장 생활에 관해 이야기하고 있다.

Sohyeon   Are you happy with your working **conditions**?
Andy   Yes, they are excellent. I have no complaints.
Sohyeon   I envy you. I really don't feel like working.
Andy   Why? Do you have any problem with your company? You're not in a good **condition**. Are you tired?
Sohyeon   I can't stand the team member I'm working with any more. We argue about every single thing at work. We discussed the **situation** thoroughly but we still couldn't come to an agreement.
Andy   That sounds pretty stressful.
Sohyeon   And the financial **situation** of my company is not that good. I'm not in a very good emotional **state** right now.
Andy   Oh, that's too bad.

소현   너 근무 환경에 만족하니happy with?
앤디   응, 괜찮아excellent. 불만 없어have no complaints.
소현   네가 부럽다envy. 나는 정말 일할 맛이 안 나.
앤디   왜? 회사에 무슨 문제라도 있어have any problem? 컨디션이 안 좋은 것 같다. 피곤하니tired?
소현   같이 일하는work with 팀원이 있는데 더 이상any more 참을stand 수 없어. 직장에서at work 사사건건every single thing 다툰다니까 argue. 그런 상황에 대해 깊이 있게thoroughly 논의했지만discuss 여전히 합의에 이르지come to an agreement 못 했어.
앤디   꽤 스트레스가 많은pretty stressful 것 같네.
소현   그리고 회사 재정financial 상태가 그렇게 좋지 않아. 현재 내가 정서적으로emotional 그렇게 좋은 상태가 아니야.
앤디   이런, 안됐다.

물리적 상태; 〈복수로〉 환경 condition
여러 사정이 관련되어 영향을 미치는 상태 situation
'상태'를 의미하는 가장 일반적인 말 state

아름다운 사회를 위한 핵심 가치, 도덕과 윤리!

ethics · morals

ethics를 써야 하나, moral이 아닐까요? 표시된 부분에 맞는 단어는 과연 무엇일까요?

- 기업 윤리는 기업들에게 있어 대단히 중요한 문제이다.
  Business ☐ are very important for corporations.
- 우리 사회에는 공중도덕을 지키지 않는 사람들이 많다.
  There are many people who don't protect public ☐ in our society.

★ **의미** 알면 실수 없다!

morals는 옳고 그름에 대해 각 개인이 가지고 있는 일정한 기준을 일컫는 일반적으로 말하는 '도덕'으로 많이 쓰입니다. 그리고 ethics는 그러한 morals가 적용되는 사회적 시스템이라고 할 수 있고 보통 '윤리'라고도 합니다. 따라서 보통 morals와 ethics를 구분 없이 쓰기도 하며 바꾸어 써도 크게 문제가 되지는 않습니다. 그러나 의미적 차이에 대해 좀 더 설명하자면, 예를 들어 변호사의 경우 자신의 고객이 저지른 범죄가 나쁘다고 생각하더라도 변호사라는 직업적 윤리 때문에 피고인을 변호해야 한다면 자신의 morals에 반하는 행동을 하게 되는 것입니다.

참고로 morals와 철자가 비슷하여 혼동하기 쉬운 어휘인 morale은 집단의 '사기'나 '의욕' 등을 가리키는 단어입니다. '지금 선수들 사이에 사기가 매우 높다'라고 할 때에는 morale을 써서 Morale amongst the players is very high at the moment.라고 쓰면 됩니다. 이 때 morals를 쓰면 전혀 다른 뜻이 되므로 주의하세요.

★ **형식** 알면 문제 없다!

- '공중도덕'은 public **morals**라고 표현합니다. 또한 moral이 형용사로 쓰이면 a **moral** responsibility/duty/judgement(도덕적 책임/의무/판단)와 같은 다양한 표현으로 활용할 수 있습니다.
- ethics는 다양한 형용사와 함께 쓰여 professional/business/medical **ethics**(직업적/기업/의료 윤리)와 같이 쓰이고 biology와 ethics가 합쳐져 bio**ethics**(생명 윤리)라는 단어가 생겨났습니다.

ethics, moral의 바른 사용을 확인해 보세요.

- Business **ethics** are very important for corporations.
- There are many people who don't protect public **morals** in our society.

대화문을 보면서 ethics와 morals가 어떻게 사용되고 있는지 확인해 보세요.
소현과 앤디가 정치인들의 도덕성에 대해 이야기하고 있다.

Sohyeon: There's been a lot of talk about the **ethics** of politicians.

Andy: Yeah. Stories about their behavior have received a lot of exposure in the press. It makes me sick to look at the news on TV or in newspapers.

Sohyeon: Same here. I can't but question their **morals**. But I can't believe what the media says, either. The **ethics** of journalism is also debatable.

Andy: Anyway, they can't blame young people about political apathy.

Sohyeon: Yes. It's very obvious that political indifference will result in low voter turnout in the next election.

소현 정치인들politician의 윤리에 대해 말들이 많아.
앤디 응. 그들의 행동behavior에 대한 이야기가 언론에서in the press 많이 나오고 있지receive a lot of exposure. TV나 신문에서 뉴스를 보면 화가 나make one sick.
소현 나도 마찬가지야Same here. 그 사람들의 도덕성에 의문을 가질 수밖에 없다니까can't but question. 그렇지만 언론media이 하는 말도 믿을 수 없어. 언론journalism 윤리도 논란이 되고 있으니debatable 말이야.
앤디 어쨌든 그들은 젊은 사람들의 정치적 무관심political apathy에 대해 비난해서는blame 안 돼.
소현 맞아. 정치적 무관심indifference이 다음 선거election에서 낮은 투표율로 이어질 게result in low voter turnout 분명해obvious.

(사회·직업상의) 윤리 **ethics**
(옳고 그름의 사회적 기준) 도덕 **morals**

이렇게 가격이 비싼 물건을 어떻게 사냐구!

high · low · expensive · cheap

high/low를 써야 하나, expensive/cheap가 아닐까요? 표시된 부분에 맞는 단어는 과연 무엇일까요?

- 런던의 생활비는 매우 비싸다.
  The cost of living in London is very ▭.

- 적당한 아파트를 구하기가 힘들어. 너무 비싸더라고.
  It is difficult to find an affordable flat. It's too ▭.

- 어디서 컴퓨터를 그렇게 싼 가격에 샀어? 내 것은 같은 상표인데도 그렇게 싸지 않았는데.
  Where did you get the computer at such a ▭ price? Mine is the same brand but it was not that ▭.

★ **의미** 알면 실수 없다!

가격, 비용, 임금, 세금, 요금 등이 '비싸다, 싸다'라고 말할 때에 간단히 expensive나 cheap을 쓰기 쉽습니다. 그러나 영어에서는 어떤 것을 주어로 쓰냐에 따라 다른 표현을 사용합니다. 보통 가격이나 비용 등은 '높다, 낮다'의 개념으로, 물건은 '비싸다, 싸다'의 개념으로 생각하면 됩니다. 따라서 '그 펜이 비싸다'라고 할 때에는 The pen is expensive.라고 하지만 price를 주어로 쓰고 싶으면 The price of the pen is high.라고 해야 합니다. The price of the pen is expensive.라고 한다면 어색한 표현이 됩니다.
high price, low price처럼 high와 low가 price를 꾸며 주어 '비싼 가격,' '싼 가격'이란 표현으로도 활용할 수 있습니다.

★ **형식** 알면 문제 없다!

- 주어가 prices, costs, payments, rents, wages, salaries, incomes, taxes 등일 때에는 **high/low**를 사용하는 것이 자연스럽습니다.

high, low, expensive, cheap의 바른 사용을 확인해 보세요.

- The cost of living in London is very **high**.
- It is difficult to find an affordable flat. It's too **expensive**.
- Where did you get the computer at such a **low** price? Mine is the same brand but it was not that **cheap**.

대화문을 보면서 high, low, expensive, cheap이 어떻게 사용되고 있는지 확인해 보세요.
할인 매장에서 새 정장을 싸게 산 소현, 앤디에게 보여주며 어떤지 물어본다.

Sohyeon　I picked up a new suit yesterday. Do you like it?
Andy　Where did you get it? That's nice. But it looks a bit **expensive**.
Sohyeon　Not at all. It was on sale! 50% off!
Andy　Really? What a deal!
Sohyeon　I'm really happy with it. I bought it at a discount clothing store. Stuff is usually **cheaper** there than at department stores.
Andy　Right. Prices at department stores are ridiculously **high**.
Sohyeon　Yes. Discount stores don't carry the latest fashions, but their quality is good and the prices are **low**.

소현　어제 정장suit 새로 샀어pick up. 어때?
앤디　그거 어디서 샀니get? 괜찮네. 근데 약간a bit 비싸 보인다.
소현　전혀 안 비싸not at all. 50% 세일 중on sale이었어!
앤디　정말? 싸게 샀다What a deal!
소현　정말 마음에 들어happy with. 의류 할인discount 매장에서 샀어. 물건들stuff이 보통 백화점에서보다 더 싸.
앤디　맞아. 백화점에서는 가격이 터무니없이ridiculously 비싸.
소현　그래. 할인점에 최신 유행 옷들은the latest fashions 없지만don't carry, 질quality이 좋고 가격도 싸다니까.

가격, 비용 등이 비싸다, 싸다　**high / low**
물건이 비싸다, 싸다　**expensive / cheap**

뜻이 비슷해서 혼동되는 어휘　55

편안함과 편리함의 차이

comfortable · convenient

comfortable을 써야 하나, convenient가 아닐까요? 표시된 부분에 맞는 단어는 과연 무엇일까요?

- 도시에 사는 것이 편리하긴 하지만 시골 생활이 더 편안하고 안락하다.
  Living in a city is ☐, but country life is more ☐ and relaxing.
- 나는 삼촌 댁에 버스를 타고 갔는데 너무 불편했다. 두 번이나 갈아타야 했다.
  I went to my uncle's by bus. It wasn't ☐. I had to transfer two times!

★ **의미** 알면 실수 없다!
　우리말로는 '편안함'과 '편리함'이라는 의미를 모두 아울러 '편하다'라는 표현을 자주 씁니다. 하지만 영어에서는 두 개념을 구분해서 사용합니다. 몸과 마음이 편안하고 쾌적한, 또는 안락한 상태를 표현할 때에는 comfortable을 쓰고, 편리하고, 간단하고, 쉽고, 빠른 상태를 표현할 때에는 convenient를 씁니다. 따라서 위의 두 번째 예문에서는 버스를 두 번이나 갈아타야 했기 때문에 복잡하고 편리하지 못했다는 것이지 마음이 불편했다는 뜻이 아니므로 convenient를 써야 합니다. 만약 삼촌 댁에 갔는데 내가 모르는 손님들이 와 있어서 불편했다면 comfortable을 이용해서 표현해야 합니다.

★ **형식** 알면 문제 없다!
- 가구나 옷이 몸에 맞춘 듯 편하다고 말하고 싶으면 comfortable을 씁니다. **comfortable** chair/bed/clothes/shoes 등과 같이 쓰면 되겠죠?
- 언제나 간편히 이용할 수 있는 '편의점'은 **convenience** store로, 쉽고 편리하게 이용할 수 있는 '인스턴트 식품'은 **convenience** food라고 표현합니다.

comfortable, convenient의 바른 사용을 확인해 보세요.

- Living in a city is **convenient**, but country life is more **comfortable** and relaxing.
- I went to my uncle's by bus. It wasn't **convenient**. I had to transfer two times!

대화문을 보면서 comfortable과 convenient가 어떻게 사용되고 있는지 확인해 보세요.
기차 여행을 다녀온 소현이 앤디와 여행에 관해 이야기하고 있다.

Andy   **How was your trip?**

Sohyeon   **It was nice. The hotel was comfortable and the people were kind and friendly. And the shopping centers were close to where I stayed, so it was very convenient.**

Andy   **Sounds as though you really enjoyed it. Weren't you tired to drive there?**

Sohyeon   **No, I took the train. The seats weren't comfortable but I could enjoy the scenery.**

Andy   **Hearing you say that, I really want to take a trip by train.**

앤디   여행 어땠니?
소현   좋았어. 호텔은 편안했고 사람들도 친절하고 다정했어kind and friendly. 그리고 쇼핑센터도 내가 묵었던 곳where I stayed과 가까워서close 아주 편했어.
앤디   여행을 정말 즐겁게 하고 온 것 같구나. 거기까지 운전하고 가서 피곤하지tired 않았어?
소현   아냐, 나 기차 타고 갔어take a train. 좌석seat이 좀 불편했지만 경치scenery를 즐길 수 있었지.
앤디   그렇게 말하는 걸 들으니 나도 정말 기차로by train 여행하고take a trip 싶다.

편안한, 안락한 **comfortable**
편리한, 효율적인, 간편한 **convenient**

앗! 나의 실수

ashamed · embarrassed

ashamed를 써야 하나, embarrassed가 아닐까요? 표시된 부분에 맞는 단어는 과연 무엇일까요?

- 내가 그런 거짓말을 했다는 것이 부끄러웠다.
  I was _____ of myself for telling such a lie.

- 티셔츠를 뒤집어 입어 너무 창피했다.
  I was so _____ because I had put my T-shirt on inside out.

★ **의미** 알면 실수 없다!

보통 ashamed와 embarrassed를 '부끄러운,' '창피한'이라는 뜻으로 구별 없이 사용하는 경우가 많습니다. 그러나 두 단어는 의미상 차이가 있습니다. ashamed는 무엇인가 큰 잘못을 했거나 도덕적, 사회적으로 저지르지 말았어야 할 일들을 해서 그런 행동에 대해 죄책감을 느낄 정도로 수치스럽다고 할 때 씁니다. 반면 우리가 일상적으로 저지르는 작은 실수에 대해서 창피하다고 할 때나 어떤 상황에서 무안하거나 당황스럽다고 할 때에는 embarrassed를 씁니다.

★ **형식** 알면 문제 없다!

- 목적어로 명사가 올 때에는 각기 다른 전치사와 함께 쓰입니다.
  be **embarrassed at/about** ~에 대해 당황스러워하다
  be **ashamed of/at** ~에 대해 부끄러워하다
- 상황이나 순간이 당황스럽다고 할 때에는 -ing형을 써서 an **embarrassing** situation/moment라고 합니다.

ashamed, embarrassed의 바른 사용을 확인해 보세요.

- I was **ashamed** of myself for telling such a lie.
- I was so **embarrassed** because I had put my T-shirt on inside out.

대화문을 보면서 ashamed와 embarrassed가 어떻게 사용되고 있는지 확인해 보세요.
식당에서 함께 식사를 하고 있는 앤디와 소현. 한편, 식당 안에선 꼬마 아이가 시끄럽게 뛰어 다니고 있다.

Andy   Look at the boy! He is so spoiled. How could his parents leave him to behave like that? They should be **ashamed**.

Sohyeon   Right. It's not that hard to see those kinds of children these days.

Andy   I can't stand it. It's too noisy! They don't seem **embarrassed** in spite of being the center of attention.

Sohyeon   I don't think they notice many people are staring at them.

앤디   저 남자애 봐! 너무 버릇없다spoiled. 어떻게 부모들이 애가 저렇게 행동하도록 내버려둘leave him to behave 수 있지? 창피한 줄 알아야지.

소현   맞아. 요즘these days 저런 아이들을 보는 게 그리 어렵지hard 않지.(요즘 저런 애들이 많아.)

앤디   못 참겠다stand. 너무 시끄러워noisy! 사람들이 쳐다보는데도in spite of being the center of attention 부끄러워하는 것 같지 않아.

소현   많은 사람들이 자기들을 쳐다보는stare at 것조차 눈치 채지notice 못한 것 같아.

(사회적, 도덕적 기준에 어긋나는 큰 잘못으로) 수치스러운, 죄책감이 드는 **ashamed**
(작은 실수로) 창피한, 당황스러운 **embarrassed**

높이 높이 더 높이~
high · tall

high를 써야 하나, tall이 아닐까요? 표시된 부분에 맞는 단어는 과연 무엇일까요?

- 그 건물 안의 방들은 천장이 매우 높다.
  The rooms in the building have very ☐ ceilings.
- 그것은 세계에서 가장 높은 건물이다.
  It is the ☐ building in the world.

★ **의미** 알면 실수 없다!

보통 tall은 사람의 키가 크다고 할 때에만 쓰인다고 생각할 수 있는데 그뿐 아니라 건물, 나무, 동식물 등 '좁고 위아래로 긴' 사물들을 표현할 때에도 tall이 쓰입니다. 그밖에 산이나 벽 등이 높다고 할 때에는 high를 씁니다. 그리고 측정 단위로써 high와 tall을 모두 쓸 수 있는데 사람의 키는 tall을, 물건의 높이를 이야기할 때는 high를 씁니다. 그러나 종류와 상관없이 땅에서부터 무엇인가의 길이를 잴 때에는 high를 씁니다. 예를 들어 보통 어른이 어린이보다 taller하지만 서 있는 어린이가 바닥에 앉아 있는 어른보다는 higher할 수도 있겠죠.

★ **형식** 알면 문제 없다!

- a **tall** tree/plant/building/girl 큰 나무/식물/건물/소녀
- a **high** ceiling/wall/fence/shelf 높은 천장/벽/담장/선반
- knee/waist/chest-**high** 무릎/허리/가슴 정도까지 오는

high, tall의 바른 사용을 확인해 보세요.

- The rooms in the building have very **high** ceilings.
- It is the **tallest** building in the world.

대화문을 보면서 tall과 high가 어떻게 사용되고 있는지 확인해 보세요.
시골로 이사를 가려고 생각 중인 앤디. 도시 생활과 시골 생활에 대해 소현과 이야기 중이다.

Andy　I'm going to move back to the country.
Sohyeon　Really? Isn't that inconvenient to live there?
Andy　Yes, it's true. But I decided to leave the city for my children. My house in the country is surrounded by **high** mountains. And there are lots of **tall** trees and beautiful plants. I think country life is safer and more comfortable for my kids.
Sohyeon　I know that, but I can't escape from the **tall** buildings yet.

앤디　나 다시 back 시골 country로 이사 갈 거야.
소현　정말? 거기서 사는 것 불편하지 inconvenient 않아?
앤디　응, 그래. 하지만 아이들을 위해 도시를 떠나기로 결심했어 decide to leave. 시골에 있는 우리 집은 높은 산들로 둘러싸여 있고 be surrounded by 키 큰 나무들과 아름다운 식물들도 많아. 아이들에게 시골 생활 country life이 더 안전하고 안락한 safer and more comfortable 것 같아.
소현　나도 그건 알지만, 아직은 고층 빌딩들에서 탈출할 escape 수가 없어.

사람, 건물, 나무 등 좁고 긴 것 **tall**
산, 벽, 구름 등에 대해 땅에서부터의 길이 **high**

뚱뚱한 것이 아니라 통통한 거라고!

fat · overweight · chubby

fat을 써야 하나, overweight가 맞나, chubby가 아닐까요? 표시된 부분에 맞는 단어는 과연 무엇일까요?

- 이 바지 입으니깐 더 **뚱뚱해** 보이는 거 같아.
  I think these pants make me look ☐.

- 저기 **통통한** 여자애 좀 봐. 정말 귀엽다.
  Look at the ☐ girl! She's really cute.

- 점점 **살이 찌는** 것 같아. 다이어트 해야겠어.
  I'm getting to be ☐. I need to go on a diet.

★ **외미** 알면 실수 없다!

'비만인, 뚱뚱한'이라는 뜻으로 가장 일반적으로 쓰이는 단어가 fat이지만 너무 직접적인 표현이므로 사용하지 않는 것이 좋습니다. 대신 이를 간접적이고 보다 완곡하게 표현할 수 있는 단어들이 있는데 overweight, plump, chubby, large[big] 등이 그것입니다. overweight는 체중이 평균 이상이란 뜻이며, plump는 보기 좋게 통통한 정도라고 보면 됩니다. chubby는 아기나 어린아이들에게 쓸 수 있는 표현으로 귀엽게 통통하다는 느낌을 줍니다. large나 big을 써서 단순히 몸집이 크다고 표현할 수도 있습니다. 그러나 이러한 표현들이 fat보다는 완곡한 표현이라도 상대방에게는 그러한 언급 자체가 실례가 될 수 있다는 것을 염두에 두어야 합니다.

★ **형식** 알면 문제 없다!

- fat은 명사로 '지방'이라는 뜻이 있습니다. 다음과 같은 표현도 함께 알아두면 유용하겠죠? 무지방의 **fat**-free, 저지방의 low-**fat**
- chubby는 몸의 부분에 대해서도 쓰입니다. 즉 '통통한 볼/손/다리'는 **chubby** cheeks/hands/legs라고 표현하면 됩니다.

fat, overweight, chubby의 바른 사용을 확인해 보세요.

- I think these pants make me look **fat**.
- Look at the **chubby** girl! She's really cute.
- I'm getting to be **overweight**. I need to go on a diet.

대화문을 보면서 fat, overweight, chubby가 어떻게 사용되고 있는지 확인해 보세요.
밤사이에 1kg이 늘었다고 소현이 호들갑을 떤다.

Sohyeon   Oh my God! I gained one kilogram over the night. I'll skip breakfast today, maybe dinner, too.

Andy   Why don't you cut down on alcohol instead? You even blacked out a few days ago! The reason you're becoming **overweight** is all because you drink too much these days.

Sohyeon   I think you're right. I'll not touch alcohol from now on not to become **fatter**.

Andy   You aren't **fat**! You're just a bit **overweight**.

소현   맙소사! 나 밤 사이|over the night 1kg이 쪘어|gain. 오늘 아침은 안 먹을래|skip. 아마 저녁도.
앤디   대신에 술을 좀 줄이는|cut down on 건 어때? 너 며칠 전에는 필름까지 끊겼었잖아|black out! 살이 찌는 이유가 다 네가 요즘 술을 너무 많이 마셔서|drink too much 그래.
소현   네 말이 맞는 것 같다. 지금부터|from now on 더 뚱뚱해지지 않기 위해서 술은 건드리지|touch alcohol도 않겠어.
앤디   넌 뚱뚱하진 않아! 약간 과체중일 뿐이지.

뚱뚱한 fat
과체중의 overweight
통통한 chubby

질투는 나의 힘

envious · jealous

envious를 써야 하나, jealous가 아닐까요? 표시된 부분에 맞는 단어는 과연 무엇일까요?

- 아이들은 종종 새 아기가 태어나면 질투심을 느낀다.
  Children often feel ⬜ when a new baby's born.
- 내 남자친구가 갖고 있는 노트북이 너무 부러워.
  I'm really ⬜ of my boyfriend's laptop.
- 내 남자친구가 다른 여자들한테 매력을 느낄 때 너무 샘나.
  I'm ⬜ of my boyfriend's attraction to other women.

★ **의미** 알면 실수 없다!

envious와 jealous는 일반적으로 '부러워하는, 질투하는'이라는 뜻을 담고 있습니다. 내가 갖지 못한 것을 다른 사람이 가지고 있을 때 느끼는 부러움이나 질투심이라는 의미는 두 단어가 공통적으로 가지고 있습니다. 하지만 이러한 공통적인 의미 외에도 약간 다르게 사용할 때가 있습니다. jealous의 경우 이미 내가 가지고 있으나 다른 사람에게 뺏기기 싫고 계속 그것을 유지하고 싶어하는 마음을 표현할 때 사용됩니다. 예를 들어 애인이 자꾸 다른 이성에게 눈길을 준다면 그 때에는 envious가 아닌 jealous를 이용해서 표현하는 것이 더 자연스럽습니다.

★ **형식** 알면 문제 없다!

- envious, jealous와 함께 자주 등장하는 전치사를 주의 깊게 살펴보세요.
  envious[jealous] of sb/sth과 같이 전치사 of를 사용합니다. about이나 with를 쓰지 않도록 주의하세요.
- 이성 간의 관계에서 나타나는 질투심이라면 jealous가 더 자연스럽습니다. 따라서 jealous는 다음과 같은 단어들과 함께 쓰면 어울립니다.
  a **jealous** wife/husband/boyfriend/girlfriend

envious, jealous의 바른 사용을 확인해 보세요.

- Children often feel **jealous** when a new baby's born.
- I'm really **envious** of my boyfriend's laptop.
- I'm **jealous** of my boyfriend's attraction to other women.

대화문을 보면서 envious와 jealous가 어떻게 사용되고 있는지 확인해 보세요.
질투심이 많은 남자 친구 때문에 화가 난 소현. 친구인 은아에게 남자 친구에 대해 하소연하고 있다.

Sohyeon   I'm so upset.
Euna   What's up?
Sohyeon   He is driving me crazy!
Euna   Go ahead and tell me the story.
Sohyeon   When I talk to other boys, even my friends, my boyfriend gets very angry. He's really **jealous** of a long friendship I've had with my best friend just because he is a male.
Euna   You know what? I really envy you! I wish I had such a boyfriend! You don't know how lucky you are.
Sohyeon   No! I'm serious. I'm really **envious** of your being single. I really miss the days when I was single.

소현 나 너무 화나 upset.
은아 무슨 일인데?
소현 그 애 때문에 미치겠어 drive me crazy!
은아 어서 go ahead 얘기 좀 해 봐.
소현 내가 다른 남자들과 이야기할 talk to 때마다 심지어 친구 사이일 뿐인데도 남자친구가 매우 화를 낸다니깐 get very angry. 가장 친한 친구 my best friend와의 오랜 우정 long friendship도 단지 그 애가 남자 male라는 이유 때문에 정말 질투한다고.
은아 너 그거 알아? 난 정말 네가 부러워! 나도 그런 남자친구가 such a boyfriend 있었으면 좋겠다 I wish I had! 너는 네가 얼마나 운이 좋은지 몰라.
소현 아니야! 난 심각하다고 serious. 난 정말 네가 싱글인 게 your being single 부러워. 남자친구가 없었을 때가 정말 그립다니까 miss the days.

다른 사람이 가진 것을 갖고 싶을 때 **envious**
다른 사람에게 뺏길까봐 두려울 때 **jealous**

뜻이 비슷해서 혼동되는 어휘   65

언제 그리고 얼마나?

during · for

during을 써야 하나, for가 아닐까요? 표시된 부분에 맞는 단어는 과연 무엇일까요?

- 내 친구는 겨울 동안 병원에 입원해 있었다.
  My friend was in hospital ▭ the winter.
- 나는 휴가 동안에도 일을 해야 했다.
  I had to work even ▭ my holiday.
- 큰 사고가 나서 여러 시간 동안 교통체증이 있었다.
  A big accident held up traffic ▭ several hours.

★ **외미** 알면 실수 없다!

during과 for는 우리말로 해석하면 둘 다 '~동안에'라는 뜻이 되어 혼동하기 쉽지만 쓰임이 다르므로 주의해야 합니다. 간단히 말해서 during은 when에 대한 답이고 for는 how long에 대한 답이라고 생각하면 쉽습니다. 따라서 during 다음에는 the summer, the afternoon 같이 어떤 시점이 나오거나 the meeting, my stay 같이 사건이나 활동, 경험에 해당하는 표현이 나옵니다. 반면 for 다음에는 six months, two hours, a week 같이 기간에 해당하는 표현이 옵니다.

★ **형식** 알면 문제 없다!

- during의 품사는 전치사입니다. 따라서 during 다음에는 절(clause)이 올 수 없습니다. 따라서 **during** the time you're away라고 할 수는 있지만 during you're away라고 할 수 없습니다. 대신 이때에는 while을 이용하여 while you're away라고 표현할 수 있습니다.

during, for의 바른 사용을 확인해 보세요.

- My friend was in hospital **during** the winter.
- I had to work even **during** my holiday.
- A big accident held up traffic **for** several hours.

대화문을 보면서 during과 for가 어떻게 사용되고 있는지 확인해 보세요.
해외여행을 가려고 준비 중인 소현에게 앤디가 조언을 해주고 있다.

Andy   Don't forget a heavy jacket! It'll be very cold there.

Sohyeon   Don't worry. And besides, I can buy some stuff **during** the trip. I'm travelling to several countries **for** at least 2 months, so I think I'd better pack lighter.

Andy   Yes, you're right. But remember that prices are higher than in Seoul.

Sohyeon   O.K. I will.

앤디   두툼한 heavy 재킷 잊지forget 말아라! 거기는 아주 추울 거야.
소현   걱정하지 마. 게다가 besides 필요한 것stuff은 여행 중에 살 수도 있으니까.
        적어도at least 두 달 동안 여러 나라several countries를 여행할 건데 짐을 더 가볍게lighter 싸는pack 게 나을 것 같아.
앤디   그래, 네 말이 맞긴 하다. 하지만 서울보다는 가격이 더 비싸다는 거 기억해.
소현   응, 알았어.

when에 대한 답 during
how long에 대한 답 for

앞 뒤 구분을 잘해야 한다고!

before · in front of · across

before를 써야 하나, in front of가 맞나, across가 아닐까요? 표시된 부분에 맞는 단어는 과연 무엇일까요?

- 극장 앞에서 7시 전에 그녀를 만나기로 했었는데. 하지만 이미 늦었는걸.
  I was supposed to meet her ☐ 7 o'clock ☐ the theater. But I'm already late.

- 우리 집은 우체국 앞이 아니라 맞은편에 있다고 얘기했잖니.
  I said my house is ☐ from the post office, not ☐ the post office.

★ **의미** 알면 실수 없다!

우리말로 '~앞에, ~전에'라는 말은 다양한 의미를 나타냅니다. 시간상의 의미가 될 수도 있고 위치상의 의미가 될 수도 있습니다. 영어 단어에는 '~앞에, ~전에'를 의미하는 단어가 여러 가지가 있는데 그 가운데 before는 보통 after와 반대되는 개념으로서 시간상 '~전에'의 의미로 많이 쓰입니다. 그 외에도 before는 위치상 '~앞에'라는 뜻으로도 쓰이는데, 예를 들어 줄을 서 있을 때 앞을 나타내거나 문서나 목록에서 앞선 순서를 말할 때에도 쓰입니다. 반면 in front of 는 시간상의 의미가 아닌 장소나 위치상에서 '~앞에, 혹은 '~이 보는[듣는] 앞에서'라는 의미이고, behind의 반대 개념이며, across는 '(길 건너) 맞은편에'라는 뜻입니다.

★ **형식** 알면 문제 없다!

- '내 눈 바로 앞에서'는 right **before** my eyes라고 합니다.
- across와 같은 의미로 opposite이나 facing을 쓸 수 있습니다.
- in front of와 across의 차이점은 in front of의 경우 길을 건너거나 하지 않고 '바로 앞에' 를 의미하는 것이고 across의 경우 앞은 앞인데 '길 맞은편에'를 의미한다는 것입니다.

before, in front of, across의 바른 사용을 확인해 보세요.

- I was supposed to meet her **before** 7 o'clock **in front of** the theater. But I'm already late.
- I said my house is **across** from the post office, not **in front of** the post office.

대화문을 보면서 before, in front of, across가 어떻게 사용되고 있는지 확인해 보세요.
소현이 길을 걸어가고 있는데 지나가던 사람이 길을 묻는다.

Passerby Excuse me. Can you tell me how to get to the ABC building, please?

Sohyeon The ABC building? Well, you should take a bus. It's too far to go on foot.

Passerby Is there a bus stop around here? I don't have much time 'cause I have to be there **before** 3 o'clock.

Sohyeon It's very close. Go straight and turn left at the crossroad. The bus station is **in front of** an ACE bank.

Passerby Which bus should I take?

Sohyeon You should take the 301 or 5. Get off at Central Park station. The building is **across** from the park.

Passerby Thank you very much.

행인 실례합니다. ABC 빌딩에 어떻게 가는지get to 알려주시겠어요?

소현 ABC 빌딩이요? 글쎄요, 버스를 타셔야take a bus 해요. 걸어가기에는go on foot 너무 멀어요.

행인 이 근처에around here 버스 정류장이a bus stop 있어요? 제가 시간이 많이 없어서요. 왜냐하면 3시 전에 거기 도착해야be there 하거든요.

소현 아주 가까워요very close. 곧장 가서go straight 교차로에서at the crossroad 왼쪽으로 꺾으세요 turn left. 버스 정류장bus station은 ACE 은행 앞에 있어요.

행인 몇 번 버스 타야 해요?

소현 301번이나 5번 타세요. 센트럴파크 역에서 내리시면get off 돼요. 빌딩은 공원 맞은편에 있어요.

행인 정말 고맙습니다.

(시간상) ~전에, (줄 서 있을 때) ~앞에 **before**
(위치상) ~앞에 **in front of**
~ 맞은편에 **across**

뜻이 비슷해서 혼동되는 어휘 69

세일인데 가격은 왜 그대로지?

for sale · on sale

for sale을 써야 하나, on sale이 아닐까요? 표시된 부분에 맞는 단어는 과연 무엇일까요?

- 그것은 비매품이에요.
  It's not ☐.

- 그녀는 집을 팔려고 내놓은 상태입니다.
  She's put her house up ☐.

- 백화점이 세일 중이었어.
  The department store was ☐.

★ **의미** 알면 실수 없다!

흔히 sale 하면 먼저 떠오르는 것이 물건을 싼 가격에 살 수 있다는 사실입니다. 그러나 어떤 전치사를 붙이냐에 따라 의미가 달라질 수 있기 때문에 주의해야 합니다. These books are on sale. 하면 책을 싸게 팔고 있다는 뜻이 되고, These books are for sale. 하면 책을 팔려고 내놓은 것이라는 뜻이 됩니다.

그러나 on sale이 for sale의 의미를 가질 때도 있습니다. The new car model goes on sale next month. 하면 새로운 차가 다음 달부터 판매에 들어간다는 뜻이 됩니다. 따라서 문맥에 맞게 뜻을 바르게 추측하는 수밖에 없겠죠? 특히 for sale은 주인이 직접 물건을 내놓는 경우에 많이 쓰이며 판매의 의미로 쓸 때 on sale은 상점 등에서 물건을 판매 중이라는 뜻으로, 미묘한 차이가 있습니다. 미국 영어에서 on sale은 주로 싸게 판다는 의미로 쓰입니다.

★ **형식** 알면 문제 없다!

- '~을 …(가격)에 세일 중이다'라고 말하고 싶다면 전치사 for를 이용하여 'on sale for+가격'이라고 표현하면 됩니다.
- '바자회'는 rummage **sale**, '재고 정리 세일'은 clearance **sale**입니다.

for sale, on sale의 바른 사용을 확인해 보세요.

- It's not **for sale**.
- She's put her house up **for sale**.
- The department store was **on sale**.

대화문을 보면서 for sale과 on sale이 어떻게 사용되고 있는지 확인해 보세요.
휴대폰을 잃어버린 앤디. 새로 장만하기 위해 휴대폰 대리점을 찾았다.

Clerk	May I help you?
Andy	Yes. I'm looking for a cell phone.
Clerk	Do you have anything in mind?
Andy	No, why don't you just show me what you have?
Clerk	Oh yes, we have a very large selection. Do you see one you like?
Andy	I like both this black one and this white one. I can't decide.
Clerk	Well, the white one is **on sale** now.
Andy	But it's still quite expensive. Do you carry used ones?
Clerk	Yes, we do. This is a used phone up **for sale**. It is almost new.

점원   도와드릴까요?
앤디   네, 휴대폰 cell phone을 찾고 look for 있는데요.
점원   생각하고 in mind 계신 거라도 있으세요?
앤디   아니요. 그냥 있는 것 what you have 좀 보여 주실래요?
점원   아, 그러지요. 저희는 아주 다양한 제품을 가지고 있습니다 have a very large selection.
       마음에 드시는 거 있으세요?
앤디   검은 색하고 하얀 색 이 두 개가 마음에 드네요. 결정 decide 못 하겠어요.
점원   음, 하얀 색은 지금 세일 중입니다.
앤디   하지만 여전히 꽤 비싸네요 quite expensive. 중고 제품도 있습니까 carry used ones?
점원   네, 있어요. 이것이 판매 중인 중고 휴대폰입니다.
       거의 신제품 almost new이에요.

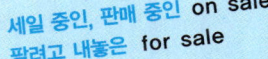

세일 중인, 판매 중인 **on sale**
팔려고 내놓은 **for sale**

나 다시 돌아갈래!!!

back · again

back을 써야 하나, again이 아닐까요? 표시된 부분에 맞는 단어는 과연 무엇일까요?

- 네가 나에게 판 MP3 플레이어가 잘 안되네. 너한테 다시 팔 수 있을까?
  The MP3 player you sold me isn't working well. Can I sell it ☐ to you?

- 이거 좀 구식인 거 같은데. 사면 아마 다시 팔기 쉽지 않을 거야.
  I think this is a bit old-fashioned. If we buy this, it won't be easy to sell it ☐.

- 그 서류 가지고 오는 것을 깜빡해서 가지러 집에 다시 가야 했다.
  I forgot to bring the document, so I had to go ☐ to my house to get it.

★ **의미** 알면 실수 없다!

back과 again이 동사와 함께 쓰이면 '다시'라는 뜻입니다. 하지만 미묘한 의미 차이가 있습니다. back의 경우 원래의 상태나 위치로 다시 되돌아온다는 뜻인 반면 again은 단순한 행위의 반복을 뜻합니다. 위의 첫 번째 예문에서는 누군가가 나에게 판 것을 다시 원주인에게 되판다는 것을 뜻하므로 A→B→A의 과정이라고 생각할 수 있으므로 back을 써야 합니다. 그리고 두 번째 예문에서는 단순히 파는 행위를 반복한다는 것을 뜻하므로 again을 써야 합니다.

★ **형식** 알면 문제 없다!

- 전화를 했는데 상대방이 받지 않아서 '다시 전화했다'라고 하는 상황일 때는 again을 쓰고, 상대방에게 전화가 왔는데 바빠서 나중에 '다시 전화하겠다'라고 할 때에는 call sb **back**을 쓸 수 있습니다.
- '~에게 빌린 돈을 갚다'라고 하고 싶을 때에는 pay somebody **back**이라고 하면 됩니다.
- 꾸지람을 듣고 아이가 말대꾸를 할 때에도 역시 back을 이용하여 talk **back**(말대꾸하다)이라고 합니다.

back, again의 바른 사용을 확인해 보세요.

- The MP3 player you sold me isn't working well. Can I sell it **back** to you?
- I think this is a bit old-fashioned. If we buy this, it won't be easy to sell it **again**.
- I forgot to bring the document, so I had to go **back** to my house to get it.

대화문을 보면서 back과 again이 어떻게 사용되고 있는지 확인해 보세요.
전자제품을 분해하고 조립하는 것을 좋아하는 민호. 오늘도 산 지 얼마 되지 않은 라디오를 분해하고 있다.

Dad | Where is my radio? Haven't you seen it?
Sohyeon | I saw Minho take it to his room.
Dad | I can't take you any more! What are you doing?
Minho | It's broken, so I took it apart to fix it. But I don't know how to put it **back** together.
Dad | Thanks to you, there won't be any electronic products left in my house! How many times do I have to tell you? It happens **again** and **again**. We just bought it recently.
Minho | How about taking it back to the store for a new one? They won't have a clue whether we used it or not.
Dad | Fat chance.

아빠 | 내 라디오 어디 있지? 못 봤어?
소현 | 민호가 자기 방으로 가져가던데요.take
아빠 | 더 이상 참을take 수가 없구나! 너 뭐 하는 거니?
민호 | 이게 망가져서요.broken 그래서 고치려고 fix 분해했는데take it apart 다시 조립하는 방법을 모르겠어요.
아빠 | 네 덕분에thanks to 우리 집에 전자제품electronic products이라곤 남아나질 않는다! 몇 번이나how many times 말해야겠니? 계속해서 같은 일이 일어나고 있잖아. 그것도 최근에recently 샀는데.
민호 | 가게로 다시 가져가서 새 걸로 바꾸는 게 어때요? 사용했는지 안 했는지 눈치have a clue 못 챌 거예요.
아빠 | 떡도 그렇겠다.fat chance

원위치로 다시 **back**
반복하여 다시 **again**

★ Review Test

Step 1 다음 문장에 알맞은 단어를 괄호 안에서 고르세요.

1. Do you (**see / watch / look at**) the guy in the blue shirt who is (**seeing / looking / watching**) the news on TV?

2. His voice was so tiny that I had to (**listen / hear**) very hard to (**listen / hear**) it.

3. About a few days before the scheduled event, the student (**talked / told**) me she was going to cancel the forum, explaining that she couldn't find a professor to (**speak / say**).

4. It's my last chance to (**beat / win**) him and (**beat / win**) the national title.

5. (**Marriage / Wedding**) invitation – Sandra O'Neill and Derek Wilkenson invite you to join them in celebrating their (**marriage / wedding**) at The Office of Registrars on Friday the 23rd of August 2004 at Grand Canal Street, Dublin 4 at 3:30 p.m.

6. You can schedule (**an appointment / a promise**) with a doctor via the hospital's homepage.

7. Stone added that he is "(**embarrassed / ashamed**) for my country" over the war in Iraq.

8. Drinking alcohol (**for / during**) pregnancy can cause physical and mental birth defects.

9. She is 170 centimeters (**high / tall**).

10. This skirt (**fits / matches**) very well and is very (**comfortable / convenient**) to wear.

★ Review Test

해석을 통해서 올바른 표현을 확인하세요.

1 TV 뉴스를 보고 있는 파란 셔츠 입은 남자 보여?

2 그의 목소리는 너무 작아서tiny 듣기 위해 열심히 귀를 기울여야 했다.

3 예정된scheduled 행사 며칠 전쯤에 그 학생은 나에게 연설할 교수professor를 찾지 못했다고 설명하면서explain 그 포럼을 취소하겠다고cancel 말했다.

4 그를 이기고 전국 타이틀을 거머쥘 마지막 기회last chance이다.

5 결혼식 초대장invitation — 산드라 오닐과 데렉 윌켄슨이 2004년 8월 23일 금요일에 더블린 4, 그랜드 캐널가에 위치한 The Office of Registaras에 여러분을 초대합니다. 오셔서join 함께 축하해celebrate 주세요.

6 병원 홈페이지를 통해via 의사와 진찰 약속을 잡으실schedule 수 있습니다.

7 스톤은 이라크 전쟁에 대해 '내 조국이 부끄럽다'고 덧붙였다add.

8 임신pregnancy 중에 술을 마시면 신체적physical, 정신적mental 선천성 장애birth defect를 유발할 수 있다.

9 그녀는 키가 170센티미터이다.

10 이 치마는 잘 맞고 매우 입기 편안하다.

Answers see, watching / listen, hear / told, speak / beat, win / Wedding, marriage / an appointment / ashamed / during / tall / fits, comfortable

★ Review Test

Step 2 밑줄 친 단어가 문맥에 맞게 쓰인 문장을 고르세요.

1. A: He was slightly <u>damaged</u> in the car accident. (   )
   B: The car was slightly <u>damaged</u> in the accident. (   )

2. A: Can you <u>borrow</u> me some money? (   )
   B: Can you <u>lend</u> me some money? (   )

3. A: Can I <u>speak</u> to Annie, please? (   )
   I'm sorry. She's just stepped out.
   B: Can I <u>talk</u> Annie, please? (   )
   I'm sorry. She's just stepped out.

4. A: What shoes <u>go with</u> this coat? (   )
   B: What shoes <u>suit</u> with this coat? (   )

5. A: I'm really <u>expecting</u> the trip to the U.S this summer. (   )
   B: I'm really <u>looking forward to</u> the trip to the U.S this summer. (   )

★ Review Test
해석을 통해서 정답을 확인하세요.

1 그는 차 사고로 약간 다쳤다.
   그 차는 사고로 약간 파손되었다.

2 나한테 돈 좀 빌려줄 수 있니?

3 애니와 통화할 수 있을까요?
   죄송하지만 방금 나가셨는데요.

4 어떤 신발이 이 코트와 잘 어울릴까?

5 나는 이번 여름 미국 여행을 매우 기대하고 있다.

Answers 1 (B) / 2 (B) / 3 (A) / 4 (A) / 5 (B)

단어는 많이 아는데
막상 사용하려고 하면 말문이 막힌다?

영어를 읽거나 듣는 데에는 문제가 없으면서도 영어로 쓰거나 말할 때면 머릿속에서 여러 단어가 맴돌기만 한다. 영어 학습자라면 누구나 이런 경험을 해보았을 것이다. 필자 역시 영어를 공부하면서 똑같이 고민했던 부분이었다. 이것은 단어의 '양'에 집착했을 뿐 완전히 내 것으로 만들지 못했기 때문에 생기는 어려움이다. 이후 어휘 능력에는 '이해를 위한 어휘'와 '표현을 위한 어휘'가 따로 존재한다는 사실을 알게 되었다. 우리가 책을 읽거나 방송을 들을 때에는 각 어휘의 의미만 파악하고 있어도 그것을 이해하는 데 크게 문제 되지 않는다. 하지만 글을 쓰거나 말을 할 때에는 의미는 물론이거니와 문장에서 어떻게 사용되는지 그 구조를 비롯하여 자연스럽게 짝을 이루는 연어(collocation)에 이르기까지 복잡한 내용을 모두 알고 있어야 한다. 또한, 우리말과 영어가 항상 일대일 대응이 가능하지 않다는 점이 큰 장애 요인이 된다. 이러한 어려움을 어떻게 극복할 수 있을까?

1. 정확한 의미 파악이 우선이다

일단 그 단어가 무슨 뜻인지 아는 것이 우선이다. 단, '영어 단어-한글 대응어'의 암기식으로 공부하는 것은 곤란하다. 필자의 경험으로는 고생하면서 익힌 단어일수록 학습 효과가 더 높다. 자신이 이미 알고 있는 어휘를 과연 제대로 알고 있는가를 되돌아보고 거기서부터 시작해도 상당히 많은 어휘를 '진짜 내 것'으로 만들 수 있다. see, look, watch가 무슨 뜻인지 알고 있으나 각 어휘가 어떤 면에서 차이가 있는지를 사전적 정의와 예문을 통해 고민해보는 과정이 있어야 알고 있는 단어들을 비로소 써먹을 수 있는 단계에 이를 수 있다.

2. 따로 국밥은 곤란하다

의미를 알고 있다고 해서 바로 사용할 수 있는 것은 아니다. '어떻게' 사용할지 그 방법을 아는 것이 두 번째 단계이다. 예를 들어 동사의 경우 목적어를 필요로 하는지, 목적어로 동명사를 쓰는지 아니면 to부정사를 쓰는지 등이 그것이다. 명사라면 셀 수 있는 명사인지 자주 함께 쓰이는 형용사는 어떤 것인지 등이 해당된다. 그러나 이러한 것들을 공식 외우듯이 외우기란 여간 힘든 것이 아니다. 따라서 추천하고 싶은 방법은 될 수 있는 한 많은 예문을 읽으라는 것이다. 영자 신문이나 책을 읽더라도 '아, look은 전치사 at과 자주 붙어 다니는구나!' 라는 식으로 의식적으로 머릿속에 새기면서 단어를 보면 시간이 지나 자연스럽게 look at이라고 쓸 수 있게 된다.

Chapter 2
★ 형태가 비슷해서
  혼동되는 어휘

확실히 모르면 장담은 금물!

assure · ensure · insure

assure를 써야 하나, ensure가 맞나, insure가 아닐까요? 표시된 부분에 맞는 단어는 과연 무엇일까요?

- 그들은 아프리카로 여행하는 것이 안전하다고 나를 확신시켰다.
  They ▢ me that traveling to Africa was safe.

- 문을 모두 잠갔는지 확실히 해라.
  ▢ that the doors are all locked.

- 내 차는 이미 화재, 절도에 대해 보험으로 보장이 돼.
  My car is already ▢ against fire and theft.

★ **의미** 알면 실수 없다!

세 단어를 보니 우리에게 친숙한 sure라는 단어가 들어있네요? Are you sure?라고 하면 "확실해?"라는 뜻인 것처럼 assure, ensure, insure는 모두 '확실히 하다, 보장하다'의 뜻을 가지고 있습니다. 세 동사 중 assure은 '확실하니까 걱정하지 말아라, 장담한다'는 뉘앙스를 가지고 있습니다. ensure와 insure는 make sure의 뜻으로 의미와 용법이 같지만 미국 영어의 경우 insure를 많이 사용하는 경향이 있습니다. 물론 make sure가 좀 더 구어적인 표현입니다. 참고로 insure의 경우 '보험에 들다'라는 의미로 많이 쓰이니까 함께 알아두면 좋겠죠?

★ **형식** 알면 문제 없다!

- assure의 용법을 살펴보면 **assure** somebody of something이나 **assure** somebody **that** ~의 형태로 쓰입니다. assure 다음에는 '사람'이 나온다는 것을 기억해 두세요!
- ensure와 insure는 **ensure/insure** something이나 **ensure/insure** that ~의 형태로 쓰입니다.
- '생명보험'은 미국에서는 life **insurance**를, 영국에서는 life **assurance**를 많이 씁니다. 일반적으로 '보험'을 일컬을 때에는 insurance를 쓰지 ensurance라고는 하지 않으므로 주의하세요!

assure, ensure, insure의 바른 사용을 확인해 보세요.

- They **assured** me that traveling to Africa was safe.
- **Ensure[Insure]** that the doors are all locked.
- My car is already **insured** against fire and theft.

대화문을 보면서 assure, ensure, insure가 어떻게 사용되고 있는지 확인해 보세요.
다음 달에 크루즈 여행을 갈 계획인 앤디가 ABC 보험사에 보험 문의를 하고 있다.

Insurance Broker   Hello. This is Bill Thomson of ABC Insurance Company.

Andy   I am going on a cruise next month. So I'm thinking of buying travel **insurance**. What type of travel **insurance** coverage should I apply for?

Insurance Broker   Well, we have a perfect **insurance** plan for you. I'll send you the information about it. I advise you to read our travel **insurance** guide to **ensure[insure]** that your policy provides sufficient coverage for you wherever you are in the world. I'll contact you to talk about it in more detail.

Andy   My belongings can be covered, too?

Insurance Broker   Let me **assure** you that we offer the best policy compared to other companies.

보험사 직원   여보세요. 저는 ABC 보험insurance 회사의 빌 톰슨입니다.
앤디   제가 다음 달에 크루즈 여행을 가는데요. 그래서 여행자 보험을 들까buy travel insurance 생각 중입니다. 어떤 여행 보험 상품travel insurance coverage에 가입해야 apply for 할까요?
보험사 직원   네, 고객님에게 딱 맞는perfect 보험 상품이 있습니다. 제가 그것에 대한 정보information를 보내드릴게요. 세계 어느 곳에 있든지 보험 계약policy 내용이 고객님께 충분한 보상sufficient 범위coverage를 제공하는지provide 확인하기 위해 저희 회사의 여행 보험 가이드를 읽어 보시기 바랍니다. 좀 더 자세한in more detail 얘기를 위해 제가 다시 연락contact 드릴게요.
앤디   제 소지품belongings도 역시 보험으로 보장이 됩니까can be covered?
보험사 직원   다른 회사들과 비교해서compared to 최고의 보험 조건을 제공함offer을 보증할 수 있습니다.

make sure의 의미일 때
assure sb of sth / assure sb that ~
ensure[insure]+목적어/ensure[insure] that ~
영국에서는 ensure를, 미국에서는 insure를 많이 쓴다.

모음 하나 바뀌었을 뿐인데…

adapt · adopt · adept

adapt를 써야 하나, adopt가 맞나, adept가 아닐까요? 표시된 부분에 맞는 단어는 과연 무엇일까요?

- 그들은 무더운 날씨에 적응했다.
  They ☐ to the hot weather.
- 우리는 사업을 위해 신기술을 채택했다.
  We have ☐ a new technology for our business.
- 그는 가전제품을 고치는 데 아주 능숙하다.
  He is ☐ at repairing household appliances.

★ **의미** 알면 실수 없다!

adapt, adopt, adept를 보면 모음 하나만 빼고 형태가 같기 때문에 혼동하기 쉬운 단어들입니다. 우선 adapt는 간단히 말해서 change의 의미입니다. 어떠한 목적이나 환경에 맞게 조절하고 변화시키는 것을 가리키는데 새로운 환경에 적응한다고 할 때, 어떠한 물건을 용도에 맞춰 변화시킬 때, 소설을 개작할 때 모두 adapt를 쓸 수 있습니다. adopt는 간단하게 choose or accept라고 말할 수 있습니다. 우리가 adopt할 수 있는 것은 아이(입양할 때), 문화, 법, 의견 외에도 다양합니다. 그리고 마지막으로 adept는 형용사로 expert or proficient를 의미합니다. 따라서 '~에서 재주가 뛰어나다'고 할 때 adept를 쓸 수 있습니다.

★ **형식** 알면 문제 없다!

- adapt는 자동사, 타동사로 모두 쓰입니다.
  자동사로 쓰일 때: **adapt to** sth(~에 적응하다)
  타동사로 쓰일 때: **adapt oneself to** sth(~에 적응하다, 순응하다)
  　　　　　　　　adapt A for B(A를 B에 맞게 바꾸다, 변경하다)
- '~에 능숙하다, ~을 잘하다'라고 할 때에는 전치사 at이나 in을 써서 adept at/in sth이라고 하면 됩니다.

adapt, adopt, adept의 바른 사용을 확인해 보세요.

- They **adapted** to the hot weather.
- We have **adopted** a new technology for our business.
- He is **adept** at repairing household appliances.

대화문을 보면서 adapt, adopt, adept가 어떻게 사용되고 있는지 확인해 보세요.
최근 앤디가 아이 한 명을 입양했다는 소식을 들은 소현. 그에 대해 앤디와 이야기 중이다.

Sohyeon I heard that you have **adopted** a child. What made you decide that? It's not an easy decision.

Andy Well, my wife and I have been thinking about **adoption** since we got married. There are so many children who need loving parents.

Sohyeon That's admirable.

Andy These days I'm just focusing on how I can help him **adapt** to his new surroundings.

Sohyeon Aren't you tired because of him? I guess you have lots to do when you raise a baby.

Andy Not at all. He is **adept** at making people happy because he smiles a lot. Every time our eyes meet, he smiles at me.

소현 네가 아이 한 명을 입양했다고 들었어. 어떻게 what made you 결정하게 decide 됐어? 쉬운 결정 an easy decision이 아닌데.

앤디 음, 아내와 결혼 후 since we got married 입양을 계속 생각하고 있었어 have been thinking about. 애정을 주는 부모를 loving parents 필요로 하는 아이들이 너무 많잖아.

소현 존경스럽다 admirable.

앤디 요즘 나는 어떻게 하면 아이가 새로운 환경 surroundings에 적응하도록 도와줄 수 있을까에만 집중하고 focus on 있어.

소현 아이 때문에 because of 피곤하지 않아? 아기를 키우려면 raise a baby 할 일이 많을 have lots to do 것 같은데.

앤디 전혀. 아이가 사람들을 행복하게 만드는 데 make people happy 재주가 있어. 아주 많이 웃거든. 눈이 마주칠 eyes meet 때마다 나를 보고 웃어줘.

변화시키다 **adapt**
선택해서 받아들이다 **adopt**
능숙하다 **adept**

형태가 비슷해서 혼동되는 어휘 85

나가는 것과 들어오는 것의 차이

emigrate · immigrate · migrate

emigrate를 써야 하나, immigrate가 맞나, migrate가 아닐까요?
표시된 부분에 맞는 단어는 과연 무엇일까요?

- 내 친구 중 한 명은 여기서 직장 구하기가 어려워서 이민 가기로 결심하였다.
  One of my friends couldn't find a job here, so she decided to _____.

- 많은 부모들이 교육 수준이 높은 곳으로 이주하려고 한다.
  Many parents will try to _____ to a district with a higher level of education.

- 많은 중국인들이 작년에 미국으로 이민 왔다.
  Lots of Chinese _____ to the States last year.

★ **의미** 알면 실수 없다!

세 단어 모두 '이동'과 관련된 단어들입니다. emigrate는 내 나라를 떠나 다른 나라로 가는 것, 즉 이민을 가는 것이고 immigrate는 다른 나라에서 들어와서 사는 것, 즉 이민을 오는 것입니다. 결과적으로는 같은 뜻이라고 생각할 수도 있으나 어떤 관점에서 보느냐에 따라 단어 선택이 달라집니다.
예를 들어 미국으로 이민 간 사람들을 우리 입장에서는 emigrant라고 부르고, 미국 입장에서는 다른 나라에서 미국으로 이주해 온 것이므로 immigrant라고 부르는 것입니다. migrate는 일정 기간 동안 살기 위해 이주하는 것을 말합니다. 또한 새나 동물들이 철 따라 이동하는 것도 migrate를 써서 표현할 수 있습니다.

★ **형식** 알면 문제 없다!

- 이민이나 이주의 기점이나 목적지를 함께 표현하고 싶다면 전치사 **from**과 **to**를 이용하면 됩니다.
- **emigrate/immigrate/migrate from** A **to** B(A에서 B로 이민가다/이민 오다/이주하다)

emigrate, immigrate, migrate의 바른 사용을 확인해 보세요.

- One of my friends couldn't find a job here, so she decided to **emigrate**.
- Many parents will try to **migrate** to a district with a higher level of education.
- Lots of Chinese **immigrated** to the States last year.

대화문을 보면서 emigrate, immigrate, migrate가 어떻게 사용되고 있는지 확인해 보세요.
앤디와 소현이 이민에 대해 이야기를 나누고 있다.

Andy   It seems that the number of **immigrants** is rising in Korea these days.

Sohyeon   Right. Many people are **emigrating** to other countries and **immigrating** from somewhere else. My neighbor has an American boyfriend and they will get married soon. After marriage, he's going to **immigrate** and live here in Korea.

Andy   Wow.

Sohyeon   As for me, I wouldn't want to **migrate** from where I live now to a strange place even if I really loved my boyfriend.

Andy   Well, who knows?

앤디   요즘 한국으로 이민 오는 사람들의 숫자가 늘고 있는rise 것 같아.
소현   맞아. 많은 사람들이 다른 나라로 이민 가고, 어디선가from somewhere else 이민 오고 있지. 우리 이웃 사람neighbor에게 미국인 남자친구가 있는데 곧 결혼할get married 거래. 결혼 후에after marriage 남자친구가 한국으로 이민 와서 여기서 살 거래.
앤디   우와.
소현   나라면as for me, 내 남자친구를 정말 사랑한다고 하더라도even if 지금 사는 곳에서 낯선 곳a strange place으로 가서 살고 싶지 않을 것 같은데.
앤디   글쎄, 또 누가 알아?

이민 가다 emigrate
이민 오다 immigrate
이주하다 migrate

앞에서부터 차근차근 가자고요

precede · proceed

precede를 써야 하나, proceed가 아닐까요? 표시된 부분에 맞는 단어는 과연 무엇일까요?

- 번개가 천둥을 앞선다. (= 천둥이 치기 전에 번개가 번쩍인다.)
  Lightning ☐ thunder.

- 18세 미만은 나가 주세요. 미성년자는 더 이상 나아갈 수 없습니다. (= 미성년자는 이 사이트를 이용할 수 없습니다.)
  Please leave now if you are under 18, you should not ☐ further.

★ **의미** 알면 실수 없다!

형태가 비슷하고 발음도 비슷한 이 두 단어는 전혀 다른 뜻을 가지고 있습니다. precede는 to go before의 뜻이고, proceed는 to go on의 뜻입니다. 즉 precede는 무엇인가에 앞서고 우선하는 것을 뜻하지만 proceed는 무엇인가를 계속해서 진행한다는 뜻입니다. 이해를 돕기 위해 접두사를 잠깐 살펴보도록 하지요. prepare(준비하다), preschool(유치원), preview(사전검토) 등의 단어에서도 알 수 있듯이 단어 앞에 pre-가 붙으면 before, prior to의 뜻으로 많이 사용됩니다.

그리고 progress(진행), prospect(전망)와 같은 단어를 보면 pro-가 forth, forward의 뜻으로 사용된다는 것을 알 수 있습니다. 특히 precede는 늘 후자와 비교, 대조하여 많이 쓰인다는 점과 proceed에 -s를 붙여 proceeds가 되면 '이익'이라는 뜻의 명사가 된다는 사실도 함께 알아두면 좋겠죠?

★ **형식** 알면 문제 없다!

- 전치사 with를 이용해서 **proceed with** something이라고 표현하면 '~을 계속하다, 이어가다'라는 뜻이 됩니다.
- **proceed to/into/towards**라고 쓰면 '~쪽으로 향해 가다'라는 뜻이 됩니다.
- to부정사를 써서 **proceed to** V의 형태로 쓰면 '계속해서, 이어서 ~하다'라고 표현할 수도 있습니다.

precede, proceed의 바른 사용을 확인해 보세요.

- Lightning **precedes** thunder.
- Please leave now if you are under 18, you should not **proceed** further.

대화문을 보면서 precede와 proceed가 어떻게 사용되고 있는지 확인해 보세요.
LA로 출장을 가야 하는 앤디. 그러나 비행기 출발 시간을 놓치고 말았는데….

Andy	Have I missed the flight to LA?
Airport official	Wait a second. Let me check for you.
Andy	I really have to be on that plane. I have an important meeting in LA and this **precedes** everything else.
Airport official	You are lucky. The flight was delayed. Please **proceed** to Gate 26 for boarding.
Andy	Thank you very much.

앤디 　제가 LA로 가는 비행기를 놓쳤나요 miss the flight?
공항 직원 　잠시만요. 확인해 check 드릴게요.
앤디 　정말 그 비행기를 타야 be on that plane 해요. LA에서 중요한 미팅이 있거든요. 이 일이 다른 어떤 일 everything else보다도 더 중요해요.
공항 직원 　운이 좋으시네요. 비행기가 지연되었습니다 be delayed. 26번 게이트로 가서 탑승하세요 for boarding.
앤디 　정말 감사합니다.

앞서다 (go before) precede
나아가다 (go on) proceed
수익 proceeds

형태가 비슷해서 혼동되는 어휘　●　89

감독을 제대로 하느냐 소홀히 하느냐가 관건

oversee · overlook

oversee를 써야 하나, overlook이 아닐까요? 표시된 부분에 맞는 단어는 과연 무엇일까요?

- 이번에는 그가 프로젝트를 감독하게 될 거야.
 He will ▭ the project this time.

- 바다가 내려다보이는 집에서 살면 얼마나 좋을까?
 I wish I lived in a house ▭ the sea.

- 엄마는 내 잘못을 눈감아주셨어.
 My mother ▭ my faults.

★ **의미** 알면 실수 없다!

oversee와 overlook은 똑같이 over-라는 접두사에 뜻이 비슷한 see와 look이 결합하여 의미가 혼동되는 단어들입니다. 그러나 이 두 단어는 정반대의 의미를 가지고 있으므로 주의해야 합니다. 먼저 oversee는 '감독하다'입니다. 사람들이 하는 일을 전체적으로 두루 살핀다는 의미로 사용됩니다.

그러나 overlook은 그러한 관리나 감독을 자기도 모르게 혹은 고의적으로 지나쳐 버리는 것을 말합니다. 그래서 누군가 한 실수를 못 본 척 지나간다든지 어떤 사실이나 문제를 대수롭지 않게 여기거나 발견하지 못한 경우에 모두 overlook을 쓸 수 있습니다. 예를 들어 현장 감독은 oversee를 잘 해야 하는 것이 임무이지만 근로자들의 실수를 자꾸 overlook한다면 임무 수행을 잘 못하는 것이 되겠죠? 참고로 overlook은 '~이 내려다보이다'라는 의미로도 쓰입니다.

★ **형식** 알면 문제 없다!

- oversee와 overlook은 모두 타동사입니다. 따라서 전치사 없이 목적어를 바로 써야 합니다.
 oversee/overlook+sth

oversee, overlook의 바른 사용을 확인해 보세요.

- He will **oversee** the project this time.
- I wish I lived in a house **overlooking** the sea.
- My mother **overlooked** my faults.

대화문을 보면서 oversee와 overlook이 어떻게 사용되고 있는지 확인해 보세요.
소현과 앤디가 작문 시험에 대해 이야기를 나누고 있다.

Sohyeon   I got an A in English composition class.

Andy   Wow! How can you get a perfect score in composition?

Sohyeon   I think she **overlooked** some minor mistakes in order not to discourage students.

Andy   Anyway, you must be so happy! She **overlooked** some grammar mistakes in my essay, but I had lots of misspelled words. So my score is not that good.

Sohyeon   You can make up for it in the final test two weeks later.

Andy   It's not a take-home test! And she usually **oversees** exams thoroughly.

Sohyeon   We'd better start preparing now.

소현   나 영어 작문 composition 수업에서 A 받았어.
앤디   와! 어떻게 작문에서 만점 perfect score 받을 수 있지?
소현   선생님이 학생들이 실망하지 discourage 않도록 in order not to 작은 minor 실수들은 눈감아주신 것 같아.
앤디   어쨌든, 너 정말 기분 좋겠다! 내가 쓴 에세이 essay에서 선생님이 문법상 오류들은 봐주셨지만 단어 철자를 잘못 쓴 게 misspelled 많았어. 그래서 난 점수가 그렇게 좋지 않아.
소현   2주 후에 있을 기말 시험 the final test에서 그걸 만회하면 make up for 되지.
앤디   집에서 보는 시험 take-home test도 아닌걸! 그리고 그 선생님은 대개 시험 감독을 철저히 thoroughly 하시잖아.
소현   지금부터 준비하는 prepare 게 좋겠다.

감독하다 (to watch and direct) **oversee**
감독을 소홀히 하다 (to look past or fail to notice);
~이 내려다보이다 **overlook**

동사냐 명사냐 그것이 문제로다~

affect · effect

affect를 써야 하나, effect가 아닐까요? 표시된 부분에 맞는 단어는 과연 무엇일까요?

- 휴대폰에서 나오는 전자파가 뇌의 기능에 영향을 미친다.
Radiation from mobile phones ☐ brain functions.
- 그가 6시간마다 복용했던 약은 두통에 별 효과가 없었다.
The medicine, which he took every six hours, had no noticeable ☐ on his headache.

★ **의미** 알면 실수 없다!
affect와 effect는 비슷한 형태에 비슷한 발음, 비슷한 의미를 가지고 있어서 사용할 때 매우 혼란스러운 단어들입니다. 먼저 각 단어가 가지고 있는 의미부터 알아볼까요? affect는 대개 동사로 쓰여서 '영향을 주어 어떠한 방향으로 변화시키다'라는 뜻으로 '행동'적인 측면을 강조합니다. 반면 effect는 주로 명사로 쓰여서 '어떠한 행위나 사건의 결과'를 뜻합니다. effect가 동사로 쓰일 경우 '~을 초래하다, ~한 결과를 가져오다'라는 뜻이 되지만 사용 빈도가 낮습니다.

★ **형식** 알면 문제 없다!
- have an **effect** on은 affect와 비슷한 의미로 쓰이며 이러한 이유로 affect에 전치사 on을 붙이는 실수를 하게 되는데 affect는 타동사로 전치사를 필요로 하지 않고 바로 목적어를 취함에 주의하세요.
 Smoking **affects** your health.
 = Smoking **has an effect on** your health.

affect, effect의 바른 사용을 확인해 보세요.

- Radiation from mobile phones **affects** brain functions.
- The medicine, which he took every six hours, had no noticeable **effect** on his headache.

대화문을 보면서 affect와 effect가 어떻게 사용되고 있는지 확인해 보세요.
술을 좋아하는 앤디와 그를 걱정하는 아내가 실랑이를 벌이고 있다.

Wife   You've been drinking again. You promised me you would not drink just a few days ago.

Andy   There was a reception for new employees. I couldn't help it.

Wife   But remember, you have high blood pressure. You know that alcohol **affects** blood pressure.

Andy   Well, I don't know. What I know is that having a little bit of alcohol has an **effect** on my mental health.

Wife   Oh, stop it. If you can't avoid alcohol, try at least to drink in moderation. Please!

Andy   O.K. I will. And don't worry. I'm healthy enough.

아내   다시 술 마시기 시작했군요. 불과 며칠 전에just a few days ago 술 마시지 않겠다고 나와 약속했잖아요promise!

앤디   신입사원new employee 환영회reception가 있었어. 어쩔 수 없었다구couldn't help.

아내   하지만 당신 고혈압high blood pressure이 있다는 걸 기억해요. 술이 혈압에 영향을 준다는 걸 알잖아요.

앤디   글쎄, 잘 모르겠어. 술을 약간 마시는 것having a little bit of alcohol이 내 정신 건강mental health에 영향을 준다는 것은 알지.

아내   아이고, 그만해요. 술을 끊을avoid alcohol 수 없다면 적어도 적당히in moderation 마시려고 노력하세요. 제발!

앤디   알았어. 노력할게. 그리고 걱정하지 마. 난 충분히enough 건강하다니까healthy.

영향을 미치다 affect(= have an effect on)
결과, 효과 effect

칭찬으로 부족함을 보완해주세요!

compliment · complement

compliment를 써야 하나, complement가 아닐까요? 표시된 부분에 맞는 단어는 과연 무엇일까요?

- 그 파란 색 셔츠는 검은 정장과 잘 어울린다.
  That blue shirt ▢ your black suit nicely.

- 첫 데이트에서는 적어도 세 번 상대방을 칭찬한다는 목표를 세워 보세요.
  I suggest that you should aim to ▢ your partner on a first date at least three times.

★ **의미** 알면 실수 없다!

이 두 단어는 형태가 비슷한데다 발음까지 같아서 너무나 혼동되는 단어들입니다. 하나씩 차근차근 알아볼까요? 먼저 compliment는 명사로 '칭찬'이라는 의미를 가지며 동사로는 '칭찬하다'라는 의미입니다. 반면 complement는 명사로 '완성하는 것, 완벽하게 하는 것'을 뜻하며 동사로 쓰여 '보완하다, 완전하게 하다'라는 뜻이 됩니다(complete이라는 동사를 생각해 보면 쉽게 이해가 되시죠?). 즉, 서로 부족한 부분을 채워 보완해 준다고 할 때에 쓰이므로 두 가지 음식이 잘 어우러질 때나 옷과 액세서리가 잘 어울릴 때에도 complement를 써서 두 가지가 서로 부족한 점을 잘 보완한다는 의미를 나타낼 수 있습니다.

★ **형식** 알면 문제 없다!

- compliment는 전치사 on을 써서 어떤 점에 대해 칭찬하는 것인지를 표현할 수 있습니다.
  compliment sb **on** sth ~에 대해 ~을 칭찬하다
- compliment와 complement의 형용사형도 알아두면 유용합니다.
  complimentary: 공짜라는 뜻이 있어서 a **complimentary** ticket은 '우대권'을 의미하고 '공짜로 얻는 상품'은 a **complimentary** gift라고 합니다.
  complementary: **complementary** colors는 '보색'을 말합니다.

compliment, complement의 바른 사용을 확인해 보세요.

- That blue shirt **complements** your black suit nicely.
- I suggest that you should aim to **compliment** your partner on a first date at least three times.

대화문을 보면서 compliment와 complement가 어떻게 사용되고 있는지 확인해 보세요.
오늘따라 즐거워 보이는 아내를 보고 앤디가 한마디 건넨다.

Andy	You look pretty happy today.
Wife	Do I?
Andy	What's up?
Wife	Today I had lunch in a restaurant with Hyunsoo and Minsoo, and they didn't act up at all!
Andy	Really? That's surprising.
Wife	Also, a customer approached our group as she was leaving and **complimented** them on their good manners!
Andy	Wow! I'll **compliment** them, too.
Wife	Hyunsoo's emotional maturity **complements** Minsoo's early insecurities.

앤디 당신 오늘 꽤pretty 즐거워happy 보이네.
아내 그래 보여요?
앤디 무슨 일인데?
아내 오늘 현수랑 민수랑 같이 식당에서 점심을 먹었는데have lunch, 전혀at all 말썽을 안 피웠어요act up!
앤디 정말? 그것 참 놀랍군surprising.
아내 또, 한 손님customer이 나가면서 우리 쪽으로 와서는approach our group 착하게 군다고on their good manners 아이들을 칭찬하더라고요!
앤디 이야! 나도 칭찬해줘야겠다.
아내 현수가 정서적으로 성숙해서emotional maturity 어린 민수의 불안정한 점insecurity을 잘 보완해 주는 것 같아요.

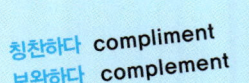

칭찬하다 compliment
보완하다 complement

요리사와 요리 기구의 관계

cook · cooker

cook을 써야 하나, cooker가 아닐까요? 표시된 부분에 맞는 단어는 과연 무엇일까요?

- 그녀는 정말 훌륭한 요리사야. 거기 가는 데 1시간이나 걸리는 데도 그녀의 음식은 거부할 수 없다니깐!
  She is a really good _____. It takes me one hour to get there, but I can't resist her food.

- 저 요리 기구 좀 봐. 몇 달은 안 씻은 것 같다. 너무 더러워!
  Look at the _____. It looks like it hasn't been cleaned for months. It's so dirty!

★ **의미** 알면 실수 없다!

engineer, teacher, designer 등의 공통점은 무엇일까요? 이들 단어 모두 -er이 붙어서 직업과 관련되는 단어가 되었다는 것입니다. 이러한 점 때문에 흔히들 하는 실수가 cook이란 단어에도 똑같은 원칙을 적용하는 것입니다. 그러나 언제나 예외는 있는 법. 그 대표적인 것이 cook과 cooker입니다. 둘 중 하나는 요리를 하는 사람이고, 다른 하나는 요리하는 기구입니다. 앞서 cook과 cooker는 예외에 해당한다고 이야기했듯이 cook이 '요리사'이고 cooker가 '요리 기구'입니다. 원래 cook은 동사로 쓰여 '요리하다'라는 뜻이 됩니다. 동시에 명사로 쓰이면 '요리사'라는 의미를 가지기도 합니다. 즉 A cook cooks.가 되는 것이지요.

★ **형식** 알면 문제 없다!

- cooker는 다양한 요리 기구에도 쓰입니다. '압력솥'은 영어로 a pressure **cooker**, '가스 레인지'는 a gas **cooker**로, '전기 오븐'은 an electric **cooker**입니다.

cook, cooker의 바른 사용을 확인해 보세요.

- She is a really good **cook**. It takes me one hour to get there, but I can't resist her food.
- Look at the **cooker**. It looks like it hasn't been cleaned for months. It's so dirty!

대화문을 보면서 cook과 cooker가 어떻게 사용되고 있는지 확인해 보세요.
요리 기구를 사려고 매장에 간 소현. 제품이 너무 다양해서 무엇을 골라야 할지 망설이고 있다.

Sohyeon   There are too many products for me to select just one.
Salesman I'd recommend the "Best **Cooker**." It can cook a considerably greater variety of food than a microwave and, unlike microwave cooked food, the food tastes great.
Sohyeon   How long does the warranty last?
Salesman It's a 3-year warranty from the manufacturer. And you can also have a recipe book with over 50 delicious recipes. You can become a great **cook** with that one!
Sohyeon   I like that. But how much is it?
Salesman It's not that expensive. And if you buy two, you can get 10% off the price of the second unit.

소현   딱 하나만 고르기에는 select 제품들 products이 너무 많아요.
판매원 "Best Cooker"를 추천해드리고 recommend 싶습니다. 이 제품은 전자레인지 microwave보다 훨씬 다양한 음식 a considerably greater variety of food을 조리할 수 있고 전자레인지로 요리한 음식과는 달리 unlike 음식 맛이 좋습니다 taste great.
소현   보증 warranty 기간은 얼마나 되나요?
판매원 제조 회사 manufacturer에서 3년간 보증해 드립니다. 그리고 또한 50가지가 넘는 맛있는 delicious 조리법 recipe이 담긴 조리 책자도 드리고요. 이 제품으로 훌륭한 요리사가 될 수 있어요!
소현   마음에 드네요. 그런데 얼마지요 how much?
판매원 그렇게 비싸지 expensive 않습니다. 그리고 두 개를 사면 하나는 10% 싼 off 가격에 가져가실 수 있어요.

(요리하는) 사람 **cook**
조리 기구 **cooker**

가장 중요한 원칙은 원칙을 지키는 것~

principle · principal

principle을 써야 하나, principal이 아닐까요? 표시된 부분에 맞는 단어는 과연 무엇일까요?

- 원칙은 때로 실행에 옮기기 어려운 법이지.
  ☐ are sometimes difficult to put into practice.
- 그들이 그 공포 영화에 출연하게 될 주연 배우들이다.
  They are the ☐ actors who will be appearing in the horror movie.
- 내 대출금의 원금은 5백만 원이다.
  The ☐ of my loan is 5 million won.

★ **의미** 알면 실수 없다!

principle은 명사로서 행동 '규범'이나 '기준'을 뜻합니다. 반면 principal은 형용사로서 '주요한, 중요한' 등의 뜻으로 쓰입니다. 그러나 principal이 명사로 쓰일 때도 있는데 이때에는 형용사의 뜻과도 상통하여 어떠한 기관의 '장'이나 '우두머리'를 가리킵니다. 따라서 학교의 교장이나 회사의 사장, 대학의 학장, 연극 등의 주연 배우 등은 모두 principal이라고 할 수 있습니다. 참고로 principal에는 대출과 관련하여 '원금'이라는 의미가 있습니다. 즉 '원금'은 principal, '이자'는 interest로 쓰면 됩니다.

★ **형식** 알면 문제 없다!

- a guiding **principle**은 '지도 원리', a general **principle**은 '일반 원칙', a moral **principle**은 '도덕적 원칙'을 가리킵니다.
- '(실질적으로는 아니더라도) 원칙적으로는 ~하다'라고 쓸 때는 in **principle**을, '원칙에 따라 ~하다'라고 할 때는 on **principle**을 씁니다.

principle, principal의 바른 사용을 확인해 보세요.

- **Principles** are sometimes difficult to put into practice.
- They are the **principal** actors who will be appearing in the horror movie.
- The **principal** of my loan is 5 million won.

대화문을 보면서 principle과 principal이 어떻게 사용되고 있는지 확인해 보세요.
회장님의 은퇴 소식을 들은 소현, 앤디는 아쉬움을 표시한다.

Sohyeon The **principal** is going to retire next year, I heard.
Andy Really? I'll miss him because I respect him as a person. I think he lives according to one's **principles**.
Sohyeon You're right. His **principles** and actions are in accord. Who will be his replacement?
Andy Well, we'll see soon.

소현 회장님이 내년에 은퇴하신다고 retire 들었어.
앤디 정말? 그분이 그리울 miss 거야. 그분을 인간적으로 as a person 존경하거든 respect. 그분은 원칙대로 according to 사시는 분 같아.
소현 네 말이 맞아. 그분은 원칙과 행동이 일치하시지 in accord. 누가 대신 replacement 올까?
앤디 글쎄, 곧 알게 되겠지.

(명사) 법, 원칙, 규범과 관련되면 **principle**
(명사, 형용사) 중요하고 으뜸가는 것을 표현할 때는 **principal**

둘은 어떤 관계일까?

relation · relationship

relation을 써야 하나, relationship이 아닐까요? 표시된 부분에 맞는 단어는 과연 무엇일까요?

- 내 친구는 아빠와 관계가 별로 안 좋아.
  My friend doesn't have a good ☐ with her father.
- 두 나라 간에 외교 관계가 이 사건을 계기로 단절되었다.
  Diplomatic ☐ between the two countries broke off over this incident.
- 그는 집들이에 가까운 친구들과 친지들만 초대했다.
  He invited only close friends and ☐ to his housewarming party.

★ 의미 알면 실수 없다!

relation과 relationship은 모두 '관계'를 의미하는 단어입니다. 이 두 단어는 의미 차이가 거의 없이 서로 바꾸어 써도 무방한 경우가 많습니다. 먼저 두 단어가 가진 공통적인 의미를 살펴보면 개인, 단체, 나라 간에 서로에 대해 느끼거나 행동하는 방식을 말합니다.
그러나 어떤 문맥에서는 relations가, 또 어떤 문맥에서는 relationship이 더 많이 쓰일 때가 있습니다. 예를 들어 diplomatic relations나 race relations는 많이 쓰이지만 diplomatic relationships나 race relationships는 비교적 잘 쓰이지 않습니다. 이렇게 국가 간 외교 관계에 대해 언급할 때에는 relations가 많이 쓰이는 편이고, 보통 개인 간의 관계에 대해 언급할 때에는 relationship이 많이 쓰이는 편입니다. 또한 'relation'은 가족에 속하는 구성원, 즉 '친척'을 의미하기도 합니다.

★ 형식 알면 문제 없다!

- in[with] **relation** to는 '~에 관하여, ~와 비교하여'라는 뜻입니다. '~와 전혀 관계가 없다'라고 할 때에는 bear no **relation** to라고 하면 됩니다.
- '애증관계'는 relationship을 이용하여 love-hate **relationship**이라고 표현합니다.

relation, relationship의 바른 사용을 확인해 보세요.

- My friend doesn't have a good **relationship** with her father.
- Diplomatic **relations** between the two countries broke off over this incident.
- He invited only close friends and **relations** to his housewarming party.

대화문을 보면서 relation과 relationship이 어떻게 사용되고 있는지 확인해 보세요.
남자친구와의 관계에 불만을 가지고 있는 소현. 앤디와 그에 관해 이야기를 나누고 있다.

Andy   How long have you been going out with him?

Sohyeon   About 3 years?

Andy   Wow, quite long. Are you going to marry him?

Sohyeon   I'm not sure. Actually, I want to break off all **relations** with him.

Andy   Why? What happened?

Sohyeon   Not just one thing. For quite some time I've been feeling as though I'm the only one making an effort in this **relationship**. As I see it, he doesn't do anything. You know, the intimate **relations** between husband and wife are the most important thing in a marriage. But I can't seem to find those things.

Andy   I thought you had a very good **relationship** with him.

앤디   그 사람과 사귄 지 go out with 얼마나 됐지?
소현   한 3년쯤?
앤디   와, 꽤 오래됐네. 결혼할 marry 거야?
소현   잘 모르겠어. 사실은 그와의 모든 관계를 끝내고 break off 싶어.
앤디   왜? 무슨 일 있었어?
소현   간단한 문제는 아니야. 꽤 오랫동안 for quite some time 우리 관계에서 나만 노력하는 make an effort 것처럼 느껴왔어. 내가 보기에 as I see it, 그 사람은 아무것도 안 하는 것 같아. 너도 알지, 남편과 아내 사이의 친밀한 intimate 관계가 결혼 생활에서 가장 중요하잖아. 하지만 그런 모습을 발견하지 못할 것 같아.
앤디   나는 네가 남자친구와 아주 사이가 좋다고 생각했었어.

개인 간의 관계 relationship
국가 간이나 공식적인 관계 relation

형태가 비슷해서 혼동되는 어휘

그림자와 그늘의 차이

shadow · shade

shadow를 써야 하나, shade가 아닐까요? 표시된 부분에 맞는 단어는 과연 무엇일까요?

- 저 그늘에 들어가서 열 좀 식히자.
  Let's go stand in the ☐ to cool off.
- 나는 한밤중에 창문을 지나쳐가는 누군가의 그림자를 보았다.
  I saw someone's ☐ go past the window in the middle of the night.
- 나는 잔디 위 나무 그늘 아래 누웠다.
  I lay down on the grass in the ☐ of the tree.

★ **의미** 알면 실수 없다!

shadow는 어떤 물체가 뒤에서 빛을 받아 생겨난 어두운 이미지를 의미하여 '그림자'를 일컫는 것이고, shade는 햇볕으로부터 가려진 부분을 일컫는 것입니다. 두 단어를 비교하자면 shadow가 보다 구체적인 이미지를 나타낸다고 볼 수 있습니다. 그래서 사람이나 어떤 물체가 만든 그림자의 이미지는 shadow를, 더울 때 열기를 식히려고 그늘에 들어간다고 할 때에는 shade를 많이 씁니다. 그리고 shade가 동사로 쓰이면 '~을 그늘지게 하다'라는 의미가 됩니다. 그래서 상심하여 얼굴이 '어둡다'라는 표현을 할 때에도 shade를 활용할 수 있습니다. 또한 shadow가 동사로 쓰이면 '~를 그림자처럼 따라다니다'라는 뜻이 되기도 합니다.

★ **형식** 알면 문제 없다!

- '명암'은 밝은 부분과 어두운 부분을 나타내는 것이므로 light and **shade**라고 합니다.
- 눈 화장을 할 때 쓰는 '아이섀도'라는 것이 있는데요, 영어로 eye **shadow**라고 합니다. 눈에 음영을 주어 아름다워 보이게 만드는 것이죠.
- '그림자를 드리우다'라고 표현하고 싶다면 cast나 throw를 써서 cast/throw a **shadow**라고 쓰면 됩니다. 비유적으로 '좋지 않은 영향을 끼치다'라는 의미로도 쓰입니다.

shadow, shade의 바른 사용을 확인해 보세요.

- Let's go stand in the **shade** to cool off.
- I saw someone's **shadow** go past the window in the middle of the night.
- I lay down on the grass in the **shade** of the tree.

대화문을 보면서 shadow와 shade가 어떻게 사용되고 있는지 확인해 보세요.
무더운 날씨에 어디론가 열심히 가고 있던 소현과 앤디. 소현이 잠깐 쉬어가자고 한다.

Sohyeon   It's very hot here. Isn't there any **shade** for us to rest for a while?

Andy   I can't see any buildings or trees big enough to make **shade** for us. And also, we are in a hurry now. We don't have time to rest!

Sohyeon   I know. Then, I will follow your **shadow** behind you. You go first.

Andy   How childish!

Sohyeon   You're being so obstinate. You need to relax about things more.

소현   여기 진짜 덥다. 우리 잠깐 for a while 쉴 rest 만한 그늘 좀 없을까?
앤디   그늘이 있을 make shade 만큼 큰 건물이나 나무가 안 보여. 그리고 우린 지금 서둘러야 in a hurry 해. 쉴 시간이 없다구 don't have time!
소현   알아. 그러면 뒤에서 behind 네 그림자나 따라갈래 follow. 먼저 가 go first.
앤디   유치하기는 How childish!
소현   너 너무 빡빡하게 군다 obstinate. 넌 좀 더 느긋해질 relax 필요가 있어.

그림자 (구체적인 이미지) shadow
그늘 (어두운 정도) shade

형태가 비슷해서 혼동되는 어휘

근본은 같으나 결과는 다르다
cloth · clothes · clothing

cloth를 써야 하나, clothes가 맞나, clothing이 아닐까요? 표시된 부분에 맞는 단어는 과연 무엇일까요?

- 우리 딸은 입던 옷이 안 맞을 만큼 많이 자랐다.
  My daughter has grown out of all her old ☐.
- 저는 의류 산업에 종사하고 있습니다.
  I'm working in the ☐ industry.
- 그의 옷은 고급스러운 직물로 만들어져 있다.
  His ☐ are made of good-quality ☐.

★ **의미** 알면 실수 없다!

cloth, clothes, clothing은 형태가 비슷하지만 모두 다른 뜻을 가지고 있습니다. cloth는 옷을 만드는 데 사용되는 '직물'을 가리키며 이때에는 셀 수 없는 명사입니다. cloth가 셀 수 있는 명사로 쓰이면 행주나 걸레, 작은 수건 등 무엇을 닦거나 말리기 위한 용도로 사용하는 '천 조각'을 뜻합니다. 참고로 구어체에서는 cloth보다 material이나 fabric을 더 많이 씁니다. 우리가 보통 '옷'이라고 일컫는 것은 세 단어 중 clothes입니다. 그리고 clothing은 의복, 의류의 총칭입니다. 예를 들어 의류 산업, 의류 업체 등을 일컬을 때 이 단어를 쓸 수 있습니다.

★ **형식** 알면 문제 없다!

- countable or uncountable?
  셀 수 **있는** 명사 : cloth가 '행주, 걸레, 작은 수건' 등의 의미로 쓰일 때
  셀 수 **없는** 명사 : cloth가 '직물'의 뜻으로 쓰일 때, clothes, clothing
  (단어의 형태로 미루어 clothes를 cloth의 복수형이라고 생각하면 안 됩니다. clothes는 그 자체로 '옷'을 의미하는 복수 명사이며 단수형이 따로 없습니다. 따라서 옷을 의미할 때는 a cloth나 a clothes 모두 틀린 표현입니다.)
- put on/take off/change one's **clothes**(옷을 입다/벗다/갈아입다)

cloth, clothes, clothing의 바른 사용을 확인해 보세요.

- My daughter has grown out of all her old **clothes**.
- I'm working in the **clothing** industry.
- His **clothes** are made of good-quality **cloth**.

대화문을 보면서 cloth, clothes, clothing이 어떻게 사용되고 있는지 확인해 보세요.
함께 커피를 마시던 소현과 앤디. 소현이 그만 새로 산 치마에 커피를 엎지르고 만다.

Sohyeon   Oh my God! Do you have a **cloth** on hand? I've spilt some coffee on my skirt.

Andy   Here you are. Are those new **clothes**? Oh, that's too bad.

Sohyeon   I just got it yesterday. The white color of the skirt makes even a little stain stand out. I'm so upset...

Andy   Why don't you go to the rest room and remove the stain with water. Or, you can get it dry-cleaned.

Sohyeon   I don't think it'll work. I'd better go to the **clothing** shop and pick out a new one! You can buy the same design in different colors at half price.

소현   맙소사! 수중에on hand 수건 같은 거 있니? 커피를 치마에 약간 엎질렀어spilt.
앤디   여기 있어Here you are. 새 옷이야? 이런, 안됐다.
소현   어제 산 거야. 치마 색깔이 하얀 색이라 얼룩이 작아도even a little stain 두드러져stand out 보인다. 너무 속상해upset …
앤디   화장실rest room에 가서 얼룩을 물로 지워remove 보지 그래? 아니면 드라이클리닝을 맡기던가get it dry-cleaned.
소현   안 지워질 것 같아. 옷 가게에 가서 새 것을 하나 고르는pick out 게 낫겠어! 같은 디자인에 색깔만 다른 것을 반값에at half price 살 수 있거든.

직물, 천 조각 ('천 조각'의 뜻일 때는 셀 수 있음) **cloth**
옷 (단수형 없음) **clothes**
의류 (셀 수 없음) **clothing**

양심을 깨웁시다!

conscience · conscious · consciousness

conscience를 써야 하나, conscious가 맞나, consciousness가 아닐까요?
표시된 부분에 맞는 단어는 과연 무엇일까요?

- 굶주린 아이들의 사진을 보면 나는 양심의 가책을 느낀다.
  When I see pictures of starving children my ☐ pricks me.

- 공교육의 확산은 대중의 사회의식을 고취시키고 일깨워 주었다.
  The spread of public education has enhanced and awakened the public's social ☐.

- 많은 사람들은 곤충들이 고통을 느낀다고[인식한다고] 믿지 않는다.
  Many people do not believe insects are ☐ of pain.

★ **의미** 알면 실수 없다!

conscience는 마음 속에서 행동의 옳고 그름을 판단하는 기준이 되는 것, 즉 '양심, 분별력' 등을 의미합니다. 그리고 conscious와 consciousness는 형태를 보면 알 수 있듯이 품사가 다를 뿐, 의미는 같습니다. 의미를 살펴보면 consciousness는 깨어 있음을 의미하는 것으로서 '의식, 자각' 등을 뜻합니다. 접미사 –ness가 붙은 것을 보면 알 수 있듯이 consciousness는 명사입니다. 그리고 conscious는 consciousness와 같은 의미이지만 형용사로 쓰입니다.

★ **형식** 알면 문제 없다!

- '양심에 걸린다, 죄책감이 든다'는 have a guilty **conscience**, 그 반대로는 have a clear **conscience**라고 합니다. '양심에 찔린다'는 prick one's **conscience**입니다.
- '의식을 잃다'라고 할 때에는 lose **consciousness**, '의식을 되찾다'라고 할 때에는 recover **consciousness**라고 합니다. 또한 class **consciousness**는 '계급의식'을 의미하며, social **consciousness**는 '사회의식'을 의미합니다.
- be **conscious** of/be **conscious** that : ~을 의식하고 있다, ~을 알고 있다

conscience, conscious, consciousness의 바른 사용을 확인해 보세요.

- When I see pictures of starving children my **conscience** pricks me.
- The spread of public education has enhanced and awakened the public's social **consciousness**.
- Many people do not believe insects are **conscious** of pain.

대화문을 보면서 conscience, conscious, consciousness가 어떻게 사용되고 있는지 확인해 보세요.
어젯밤 뺑소니 사고가 있었다는 소식을 들은 소현, 앤디와 사고에 대해 이야기를 나눈다.

Sohyeon **Some people have no conscience!**
Andy **Why do you say that?**
Sohyeon **There was a hit-and-run last night in our neighborhood. I heard the man who was hit by the car lost consciousness.**
Andy **Oh my God!**
Sohyeon **The doctors say they are not sure how long it will take for him to become conscious again.**
Andy **I hope the criminal will be caught quickly.**
Sohyeon **I hope so, too!**

소현 어떤 사람들은 양심이 없다니까!
앤디 왜 그러는데?
소현 우리 동네neighborhood에서 어젯밤 뺑소니hit-and-run 사고가 있었어.
내가 듣기론 차에 치인hit by the car 남자가 의식을 잃었대.
앤디 어쩜 좋아!
소현 그가 의식을 다시 찾는 데 얼마나 걸릴지 의사들도 확실히 모른다고not sure 한대.
앤디 그 범인criminal이 빨리 잡혔으면be caught 좋겠다.
소현 나도 그래!

양심 (옳고 그름의 기준) conscience
의식 (깨어 있음) consciousness: 형용사로는 conscious

남을 생각하는 마음

empathy · sympathy

empathy를 써야 하나, sympathy가 아닐까요? 표시된 부분에 맞는 단어는 과연 무엇일까요?

- 나는 걸핏하면 우는 내 여자친구에게 거의 공감을 할 수 없다.
  I rarely feel ▭ like my girlfriend, who cries at the drop of a hat.
- 한국은 많은 사람이 희생된 것에 대해 깊은 애도를 표했다.
  South Korea has expressed its "deepest ▭" over the loss of such a large number of lives.

★ **의미** 알면 실수 없다!
두 단어 모두 사람과 사람 사이의 만남이나 관계에서 느낄 수 있는 감정을 말할 때 쓰입니다. 먼저 empathy는 다른 사람이 느끼는 감정을 그 사람의 입장에서 이해하고 그것을 자신도 똑같이 느끼는 것으로 '감정 이입'이나 '공감'을 뜻합니다. 상대방의 의견이나 믿음, 생각 등에 동의하지 않더라도 empathy를 느끼는 것은 가능합니다. 반면 sympathy는 대개 다른 사람의 고통이나 슬픔에 대해 자신이 느끼는 감정으로 '동정'이나 '연민'을 뜻합니다. 그리고 상대방의 의견이나 믿음, 생각 등을 지지하고 동의한다는 의미도 있습니다. 정리하면 empathy는 I feel and understand your pain.이라는 의미이고, sympathy는 I'm sorry for your pain. 혹은 I agree with you.라는 의미이죠.

★ **형식** 알면 문제 없다!
- 조의를 전하는 편지에서는 sympathy를 이용한 관용적인 표현을 많이 사용합니다.
  사고를 당한 희생자와 그 가족들에게 어떻게 표현하면 좋을까요? Please pass my deep **sympathy** to the victims and family.라고 하면 '희생자와 그 가족들에게 심심한 조의를 표합니다.'라는 의미가 됩니다.
- empathy와 sympathy는 전치사 with나 for와 함께 쓰입니다.
  empathy/sympathy with/for+sb/sth

empathy, sympathy의 바른 사용을 확인해 보세요.

- I rarely feel **empathy** like my girlfriend, who cries at the drop of a hat.
- South Korea has expressed its "deepest **sympathy**" over the loss of such a large number of lives.

대화문을 보면서 empathy와 sympathy가 어떻게 사용되고 있는지 확인해 보세요.
지난주에 직장 동료의 아버지가 돌아가셨다는 말을 듣고 소현이 위로의 말을 전한다.

Sohyeon: I heard your father passed away last week. Please accept my deepest **sympathy**.

Coworker: It is very sad but now he is no longer struggling to breathe. I am happy for him, but sad for me because I miss him so.

Sohyeon: Oh, I'm so sorry. I **empathize** with how you are grieving over your father's death. I know exactly how you feel because I went through the same thing when my father died. If you need anything, let me know.

Coworker: Thank you. I just have to deal with it in my own way.

Sohyeon: It does get easier with time, and you will begin to remember only the happy times after a while.

소현: 지난주에 아버님께서 돌아가셨다고 pass away 들었어요. 깊은 조의를 표합니다 accept.
동료: 정말 슬프지만 이제 아버지는 더 이상 no longer 힘겹게 숨 쉬려 하지 struggle to breathe 않으셔도 돼요. 아버지를 위해서는 잘 된 happy for him 것이라고 생각합니다만 아버지가 너무 그리워서 miss 슬퍼요 sad for me.
소현: 정말 유감이네요. 아버님의 죽음에 얼마나 비통하실지 grieve 저는 공감합니다. 어떤 느낌인지 how you feel 정확히 exactly 알아요. 제 아버지가 돌아가셨을 때 저도 같은 경험을 했거든요 go through. 필요한 것이 있으시면 알려주세요 let me know.
동료: 감사합니다. 그냥 제 나름대로 in my own way 대처해야 deal with 하겠지요.
소현: 시간이 지나면 with time 더 편안해지고 어느 정도 후에는 after a while 행복했던 시간만 기억하게 될 거예요.

감정 이입, 공감 (= feeling in) **empathy**
동정, 유감 (= feeling with, feeling for) **sympathy**

상과 보상, 그 미묘한 차이

award · reward

award를 써야 하나, reward가 아닐까요? 표시된 부분에 맞는 단어는 과연 무엇일까요?

- 상과 선물, 다른 인센티브를 줌으로써 직원의 사기와 애사심을 높이세요.
  Improve employee motivation and loyalty by giving ⬜, gifts, or other employee incentives.
- 경찰은 탈옥수에 대한 정보 제공에 대해 보상금을 제공할 것이다.
  The police may offer a ⬜ for information about the escaped convict.
- 그 복권 당첨자들은 그들의 현금 당첨금을 일시불로 받을 것이다.
  The lottery winners will receive their cash ⬜ in single lump sums.

★ **의미** 알면 실수 없다!

award는 '상'이나 '메달, 상품' 등을 말하며 잘한 일, 성취한 일에 대한 인정과 감사의 의미로 주어지는 것이고 reward는 어떠한 행위나 노력으로 다른 사람에게 도움이나 기쁨을 주었을 때 그에 대한 대가로 받는 '보상'을 말합니다. 또한 reward는 범죄 행위나 범죄자에 대한 정보를 제공한 대가로 받는 '현상금, 보상금'의 의미로 쓰입니다. 각종 영화, 음악 관련 시상식에는 award가 붙는 것을 알 수 있죠? 예를 들어 the Grammy Awards나 the Academy Awards가 바로 그것입니다. award의 의미가 바로 이해되시죠? 참고로 award와 reward는 이밖에도 각각 동사로도 쓰일 수 있습니다.

★ **형식** 알면 문제 없다!

- '~에 대해 상을 받다'라고 할 때에는 다음과 같은 표현들을 써보세요.
  get/win/receive an **award for** sth
- '~에 대해 보상을 받다'라고 할 때 다음과 같은 표현들을 써보세요.
  get/reap a **reward for** sth

award, reward의 바른 사용을 확인해 보세요.

- Improve employee motivation and loyalty by giving **awards**, gifts, or other employee incentives.
- The police may offer a **reward** for information about the escaped convict.
- The lottery winners will receive their cash **awards** in single lump sums.

대화문을 보면서 award와 reward가 어떻게 사용되고 있는지 확인해 보세요.
앤디에게 좋은 일이 생겼다. 회사에서 상도 받고 승진도 한 것이다. 소현이 기쁜 마음으로 축하를 전하고 있다.

Sohyeon   Congratulations on the **award** you won and your promotion!
Andy   Thank you. My wife is really happy about it.
Sohyeon   You have worked really hard for the company. It's a recompense for all the work you put in, and a **reward** for your effort.
Andy   Actually, I was lucky. A lot of people helped me out on this project. I had a fine team.
Sohyeon   Don't be so modest. I think you deserve it.

소현   상 받은 거랑 승진한promotion 것 축하해congratulations!
앤디   고마워. 아내가 정말 좋아하더라.
소현   회사를 위해 정말 열심히hard 일했잖아. 네가 전념한put in 모든 일에 대한 보상recompense이고, 네 노력effort에 대한 대가야.
앤디   사실 나는 운이 좋았어. 이 프로젝트를 진행하는 데 많은 사람들이 나를 도와줬거든help out. 나는 좋은 팀을 만났어.
소현   너무 겸손해modest 할 것 없어. 내가 생각하기에 너는 자격이 있어you deserve it.

개인의 성취에 대한 상 **award**
행위에 대한 보상 **reward**

죽음을 이야기하다
dead · died · death

dead를 써야 하나, died가 맞나, death는 아닐까요? 표시된 부분에 맞는 단어는 과연 무엇일까요?

- 그녀의 남편은 6개월 동안 앓다가 알 수 없는 원인으로 죽었다.
  Her husband ⬜ of unknown causes after an illness that lasted 6 months.

- 그녀는 저녁 8시가 얼마 지나지 않아 이웃에 의해 죽은 채 발견되었다.
  She was found ⬜ by a neighbor shortly after 8 p.m.

- 그가 죽은 지 9년이 지났지만 나는 가끔씩 그가 너무도 그립다.
  It has been nine years since his ⬜, but I still miss him a lot sometimes.

★ **의미** 알면 실수 없다!

이 세 단어는 모두 죽음과 연관된 단어들이지만 각각 품사가 다르고 뉘앙스의 차이가 있습니다. dead는 형용사, died는 동사 die의 과거형이자 과거완료형, death는 명사입니다. 우선 death는 '죽음'을 뜻하며 명확하여 혼동될 것이 없을 것입니다. dead와 died의 구별은 상태를 말하느냐, 사건을 말하느냐에 달려 있습니다. 죽어 있는 상태를 강조하면 dead를 쓰고, 행위나 사건을 강조하면 died를 쓰면 됩니다. 정관사 the와 함께 쓰인 the dead는 dead people을 의미합니다. 이것은 the poor나 the rich와 같이 형용사에 정관사가 붙어서 어떠한 특징을 공유하는 사람들을 일컫는 것이라고 생각하면 됩니다.

★ **형식** 알면 문제 없다!

- die라는 동사를 활용한 표현을 알아보겠습니다.
  우리는 일상적으로 '죽겠다'라는 표현을 많이 씁니다. 예를 들어 '~하고 싶어 죽겠다', '너무 좋아 죽겠다', '웃겨 죽겠다'와 같이 말입니다. 영어에도 이와 비슷한 표현들이 있습니다.
  by **dying for** sth/to do sth ~하고 싶어 죽겠다
  to **die** for 끝내주는, 정말 멋진
  die laughing 포복절도하다

dead, died, death의 바른 사용을 확인해 보세요.

- Her husband **died** of unknown causes after an illness that lasted 6 months.
- She was found **dead** by a neighbor shortly after 8 p.m.
- It has been nine years since his **death**, but I still miss him a lot sometimes.

대화문을 보면서 dead, died, death가 어떻게 사용되고 있는지 확인해 보세요.
소현의 아버지가 교통사고로 돌아가셨다는 소식을 듣고 앤디가 깜짝 놀라 소현에게 달려왔다.

Andy	What happened to him? I was shocked to hear of his sudden **death**.
Sohyeon	There was a big accident. I heard it was a three-car collision.
Andy	Did he **die** on the spot?
Sohyeon	No. By the time the ambulance reached the hospital, he was **dead**.
Andy	Words can't express what I would like to say, but know my heart is with you at this time.

앤디 무슨 일이 일어났던 거야? 갑작스럽게sudden 돌아가셨다는 소식을 듣고 충격 받았어shocked.
소현 큰 사고accident가 있었어. 3중 추돌three-car collision이었대.
앤디 그 자리에서on the spot 돌아가신 거야?
소현 아니. 앰뷸런스가 병원에 도착했을 때쯤by the time 숨을 거두셨어.
앤디 어떤 말로도 다 표현할 수 없지만words can't express 슬픔을 함께 나누고 싶어my heart is with you.

죽다 die-died-died
죽어 있는 dead
죽음 death

효율과 효과의 차이

efficient · effective

efficient를 써야 하나, effective가 아닐까요? 표시된 부분에 맞는 단어는 과연 무엇일까요?

- 다음과 같은 단계는 새로운 고객을 끄는 데 있어서 효과적일 것이다.
  The following steps will be ▢ in attracting new customers.
- 이 냉장고는 그렇게 많은 전력을 소비하지 않고도 제대로 작동하기 때문에 에너지 효율적이다.
  This fridge is energy-▢ because it gets the job done without using too much electricity.

★ **의미** 알면 실수 없다!

'에너지 효율, 학습 효율, 작업 효율' 등에서와 같이 투자한 시간이나 노력 등에 비해 산출물이 많을 때, 우리는 효율적(efficient)이라고 이야기합니다. 반면 바라던 목표를 달성했을 때 우리는 효과적(effective)이라고 말합니다. 따라서 효율적으로 일하고 있으나 목표 설정이 잘못되었거나 방법이 잘못되었을 때에는 effective하지 않을 수도 있겠죠. 반대로 effective하지만 efficient 하지는 않을 수도 있습니다. 예를 들어 과제를 직접 손으로 써서 제출한 경우 담당 교수가 그것을 높이 평가한다면 effective라고 말할 수 있으나, 시간이나 노력이 많이 들기 때문에 컴퓨터를 이용해 작성하는 것보다는 efficient하지 않다고 말할 수 있는 것이죠.

★ **형식** 알면 문제 없다!

- effective와 efficient를 이용한 다음과 같은 표현도 함께 알아두세요.
  cost-**effective** 비용 면에서 효과적인
  fuel/energy-**efficient** 연료/에너지 효율적인

efficient, effective의 바른 사용을 확인해 보세요.

- The following steps will be **effective** in attracting new customers.
- This fridge is energy-**efficient** because it gets the job done without using too much electricity.

대화문을 보면서 efficient와 effective가 어떻게 사용되고 있는지 확인해 보세요.
소현과 앤디가 회사 제품 광고에 대해 논의를 하고 있다.

Andy　　What do you think is the best way of advertising our products?

Sohyeon　I think telemarketing is still one of the most cost-**efficient** means of advertising. But also online advertising is very cost-**efficient** these days.

Andy　　How about TV?

Sohyeon　TV is more than 20 times more expensive than the most cost-**efficient** opportunity. And online advertising has proved **effective** at increasing brand awareness and improving brand image.

앤디　우리 제품을 광고하는 advertise 가장 좋은 방법 the best way이 뭐라고 생각해?
소현　내 생각으론 텔레마케팅이 여전히 가장 비용 효율적인 광고 수단 means 가운데 하나인 것 같아. 하지만 온라인 광고 online advertising도 요즘 매우 비용 효율적이지.
앤디　TV는 어때?
소현　TV는 가장 비용 효율적인 경우 opportunity보다 20배 이상 비싸 20 times more expensive. 그리고 온라인 광고가 브랜드 인지도 brand awareness와 브랜드 이미지를 높여주는 데 improve 효과적이라고 입증되었어 prove.

효과적인 (계획한 목표에 달성하는) **effective**
효율적인 (시간, 노력의 낭비 없는) **efficient**

대안을 찾아서~

alternate · alternative

alternate를 써야 하나, alternative가 아닐까요? 표시된 부분에 맞는 단어는 과연 무엇일까요?

- 이번 여름에 우리는 격주로 월요일마다 워크숍에 참여해야 한다.
  This summer we have to join workshops on ▭ Mondays.

- 이 과정은 학사 학위 이상을 소지하였으나 교직 이수를 하지 않은 사람들을 위한 대안이다.
  This course is an ▭ option for individuals who hold a bachelor's degree or higher but who did not complete their teacher education requirements.

★ **의미** 알면 실수 없다!

alternate는 어떤 것이 번갈아 일어난다는 의미, 즉 one after another의 뜻을 갖고 있고, alternative는 '선택'의 의미와 instead, 혹은 different처럼 원래의 것 말고 다른 것, 즉 '대안'의 개념을 나타냅니다. 또한 전통적으로는 '둘 중 하나'를 선택하는 것이었으나 오늘날에는 그 수에 제한 없이 '여러 개 중 하나'를 선택하는 것으로 의미가 확장되었습니다. 그러나 미국 영어에서는 두 단어의 쓰임이 변화하고 있습니다. 미국 영어에서는 alternative가 점점 명사의 형태로 많이 쓰이고 있고, alternate가 '대안의'라는 의미로도 사용되는 경향이 있다는 것입니다. 즉 We had an alternate[alternative] choice.라는 문장에서는 alternate와 alternative가 똑같이 substitute 혹은 another를 의미하는 것입니다.

★ **형식** 알면 문제 없다!

- alternate와 alternative는 다음과 같은 표현으로도 활용됩니다.
  alternate days/weekends 격일로/격주로
  alternative ways/idea/plan 다른[대안적인] 방법/아이디어/계획
  alternative energy/medicine 대체 에너지[의학]

alternate, alternative의 바른 사용을 확인해 보세요.

- This summer we have to join workshops on **alternate** Mondays.
- This course is an **alternative** option for individuals who hold a bachelor's degree or higher but who did not complete their teacher education requirements.

대화문을 보면서 alternate와 alternative가 어떻게 사용되고 있는지 확인해 보세요.
새로 직장을 옮긴 소현. 아빠가 새 직장에 대해 묻는다.

Father How's your new job?

Sohyeon The salary is better than in the previous job, but the thing is I have to work on **alternate** Saturdays. Anyway, I'm generally satisfied.

Father Are you going to drive to work today?

Sohyeon Yes. Why? Do you want me to give you a ride?

Father No, I just want to inform you that you should use an **alternative** route because the main road is closed for resurfacing.

아빠 새 직장은 어떠니?
소현 봉급 salary은 전 previous 직장보다 낫지만 문제는 격주 토요일마다 일해야 한다는 거예요. 어쨌든 전반적으로 만족스러워요 generally satisfied.
아빠 오늘 회사에 차 끌고 갈 drive to work 거야?
소현 네. 왜요? 차 태워드려요 give you a ride?
아빠 아니야. 주도로가 재포장 resurfacing 공사로 폐쇄되어서 be closed 다른 길 route로 가야 한다고 말해주려고 inform.

번갈아, 교대로 **alternate**
선택의, 대안의 **alternative**
미국 영어에서는 alternate가 alternative의 의미까지 포함하는 경향

형태가 비슷해서 혼동되는 어휘

겉만 보고는 알 수 없어요~

terrible · terribly · terrific

terrible을 써야 하나, terribly가 맞나, terrific이 아닐까요? 표시된 부분에 맞는 단어는 과연 무엇일까요?

- 우리가 머물렀던 호텔은 형편없었다.
  The hotel we stayed in was ☐.

- 우리는 이번 겨울 굉장히 멋진 휴가를 보냈어. 유럽에서 아주 재미있는 시간을 보냈지.
  We had a ☐ vacation this winter. We had lots of fun in Europe.

- 그게 너무 비싸더라고. 그래서 아무것도 못 샀지.
  It was ☐ expensive, so I couldn't buy anything.

★ **의미** 알면 실수 없다!

terrible, terrifying은 명사인 terror에서 파생된 단어로 '무서운, 끔찍한, 형편없는' 등의 부정적인 의미로 사용됩니다. 이것은 명사 horror에서 나온 단어들인 horrible, horrifying, horrific과 비슷한 양상을 띠는데 모두 부정적인 뉘앙스를 풍깁니다. 하지만 여기서 주의해야 할 점이 있는데 terrific은 terrible이나 terrifying과 비슷한 형태지만 전혀 다른 뜻을 갖고 있다는 것입니다. terrific은 구어적으로 '대단히 좋은, 멋진'이란 뜻으로 많이 사용됩니다. 또한 terribly나 horribly는 형용사를 꾸며 주어 강조의 의미로 very를 뜻합니다. 예를 들어 I'm terribly sorry.에서 terribly는 '끔찍하게, 무섭게'를 뜻하는 것이 아니라 sorry를 강조하여 '매우' 미안하다는 의미로 쓰인 것입니다.

★ **형식** 알면 문제 없다!

- terrible, terribly, terrific은 다음과 같은 단어들과 비슷한 뜻을 가지고 있습니다.
  terrible = awful, horrible, dreadful
  terribly = very, extremely
  terrific = cool, fantastic, fabulous, brilliant, awesome

terrible, terribly, terrific의 바른 사용을 확인해 보세요.

- The hotel we stayed in was **terrible**.
- We had a **terrific** vacation this winter. We had lots of fun in Europe.
- It was **terribly** expensive, so I couldn't buy anything.

대화문을 보면서 terrible, terribly, terrific이 어떻게 사용되고 있는지 확인해 보세요.
온라인으로 친구 사귀는 것을 좋아하는 소현. 최근 직접 만난 온라인 친구에 대해 앤디와 이야기 중이다.

Sohyeon　Do you remember that I have an online friend?

Andy　Yes. Was it Dana? You said she is **terrific**. Do you still exchange e-mails with her?

Sohyeon　Actually not. I met her in person 6 months ago.

Andy　And?

Sohyeon　And I realized my **terrific** online friend is **terrible** in person! From a distance, she is thoughtful and philosophical. In person, she needs constant attention and tending to.

Andy　You must be **terribly** disappointed!

소현　너 나한테 온라인 친구 한 명 있는 것 기억해remember?
앤디　응. 다나였던가? 멋진 애라고 말했었잖아. 아직도 그 애와 이메일 주고받니exchange?
소현　실은 아니야. 6개월 전에 직접in person 그 애를 만났었어.
앤디　그리고?
소현　그리고 내 멋진 온라인 친구가 실제로는in person 형편없다는 것을 깨달았지realize! 멀리서 보면from a distance, 생각이 깊고thoughtful 철학적인philosophical 사람인데 실제로 만나 보니in person 끊임없는constant 관심attention을 주고 돌봐주어야 하는tend to 사람이더라고.
앤디　너 무지 실망했겠다 disappointed!

무서운, 형편없는 **terrible**
(형용사를 강조하여) 매우 **terribly**
대단히 멋진, 좋은 **terrific**

형태가 비슷해서 혼동되는 어휘

골라 보는 재미~

fun · funny · interesting

fun을 써야 하나, funny가 맞나, interesting이 아닐까요? 표시된 부분에 맞는 단어는 과연 무엇일까요?

- 롭이 어제 농담을 했는데 정말 재미있었어.
  Rob told me a joke last night and it was really ☐!
- 여름 캠프에서 나는 친구들과 아주 재미있는 시간을 보냈다.
  I had a lot of ☐ with my friends at summer camp.
- 이 실험이 어떤 결과가 나올지 지켜보는 것은 재미있을 것이다.
  It will be ☐ to see how this experiment turns out.

★ **의미** 알면 실수 없다!

우리말로는 코미디 프로를 보면서도 '재미있다'라고 말하고, 친구의 생일 파티에 가서 즐거운 시간을 보냈을 때에도 '재미있었다'라고 하고, 게임을 하면서도 '재미있다'라고 합니다. 그러나 영어에서는 상황에 따라 다른 표현을 사용합니다. 우선 즐겁고 좋은 기분이나 느낌은 fun에 가깝습니다. 그래서 게임이나 소풍을 갔을 때, 파티에 갔을 때 재미있는 시간을 보냈다면 fun을 쓰면 됩니다. 반면 나를 웃게 할 정도로 재미있을 때에는 funny를 씁니다. 그래서 개그맨이 웃긴 말을 했을 때, 친구가 우스꽝스러운 옷을 입고 왔을 때에는 funny하다고 표현할 수 있습니다. 마지막으로 interesting은 '흥미롭고, 관심을 끄는' 것을 말합니다. 그래서 무엇인가 새로운 사실을 발견하거나 지적 호기심을 자극할 때에는 fun이 아닌 interesting을 쓰는 것이 더 적당합니다.

★ **형식** 알면 문제 없다!

- fun은 형용사와 명사로 모두 쓰입니다. 하지만 형용사로 쓰일 때에는 반드시 명사 앞에서 꾸며주는 한정적 용법으로 쓰입니다. have **fun**이나 do sth **for fun**에서와 같이 보통은 명사로 쓰인다는 것 참고하세요.
- interesting과 interested를 혼동하지 마세요. interested는 주로 사람을 주어로 해서 사람이 느끼는 감정을 이야기할 때, interesting은 흥미를 유발하는 사람이나 사물에 대해 이야기할 때 쓰입니다. The talk was very interesting.은 맞지만 The talk was very interested.라고 하면 어색한 표현이 됩니다.

fun, funny, interesting의 바른 사용을 확인해 보세요.

- Rob told me a joke last night and it was really **funny**!
- I had a lot of **fun** with my friends at summer camp.
- It will be **interesting** to see how this experiment turns out.

대화문을 보면서 fun, funny, interesting이 어떻게 사용되고 있는지 확인해 보세요.
어젯밤 파티에 참석하지 못한 소현이 앤디에게 파티가 어땠는지 묻는다.

Sohyeon How was your party? Did you have lots of **fun**?
Andy Yes. You should have come yesterday. Sam was really drunk and made people laugh. It was so **funny**.
Sohyeon I wish I'd come! What was so **funny**? How much did he drink?
Andy Just one glass of beer! The **funny** thing is he said, "Let's drink until we drop!"
Sohyeon Wow! I thought he is a serious type of person.
Andy Not really. It's **interesting** to discover new things about others.

소현 파티 어땠어? 많이 재밌었어?
앤디 응. 너 어제 왔어야 했어. 샘이 정말 취해서drunk 사람들을 웃겼다니까make people laugh. 정말 재미있었어.
소현 나도 갔었다면 좋았을걸! 뭐가 그렇게 재미있었어? 샘이 얼마나 마셨는데?
앤디 맥주 딱 한 잔! 웃긴 것은 그 얘가 "쓰러질drop 때까지 마셔 보자!"라고 말했다는 거야.
소현 왜! 나는 그 얘가 진지한serious 타입이라고 생각했었는데.
앤디 그렇지 않아not really. 다른 사람들에 대해 새로운 점들을 발견하는discover 것은 흥미롭다니까.

웃기는, 우스운 funny
즐거운 fun
흥미로운, 관심이 가는 interesting

형태가 비슷해서 혼동되는 어휘  121

혼자라도 외롭지 않아!

alone · lonely

alone을 써야 하나, lonely가 아닐까요? 표시된 부분에 맞는 단어는 과연 무엇일까요?

- 내 동생은 혼자 살지만 결코 외롭지는 않다고 말한다.
  Although my sister lives ▭, she says she never gets ▭.

- 군중 속에서 외로움을 느낄 수도 있다.
  It is possible to be ▭ in a crowd.

- 너 자신을 알기 위해 혼자 시간을 보내지 않는다면 어떻게 자신을 사랑할 수 있겠는가?
  How can you love yourself if you don't spend time ▭ to get to know yourself?

★ **의미** 알면 실수 없다!

마이클 잭슨의 노래 중에 *You are not alone*이 있습니다. 가사를 보면 '내가 당신과 함께 있으니 당신은 혼자가 아니다'라는 내용이 나옵니다. 이처럼 alone은 주변에 다른 사람 없이 '혼자'라는 의미입니다. alone 앞에 all을 써서 강조의 의미를 나타낼 수도 있습니다. 반면 lonely는 혼자라서 슬프다, 혹은 아무도 자신을 위해 주거나 사랑해 주지 않아서 행복하지 않다는 의미로 쓰여 '외로운'의 뜻이 됩니다. alone인 상태가 되면 lonely하게 될 수도 있겠죠? 정리하자면 alone은 physical state를 가리키는 것이고 lonely는 emotion을 이야기하는 것입니다.

★ **형식** 알면 문제 없다!

- alone과 lonely의 용법을 살펴볼까요?
  lonely는 명사를 앞에서 꾸며줄 수 있으나 alone은 명사를 앞에서 꾸며주지 못합니다. alone은 a-로 시작하는 afraid, alike, alive, asleep, awake 등과 같은 형용사처럼 주로 be동사 뒤에 쓰여서 서술적 용법으로만 쓰입니다.

alone, lonely의 바른 사용을 확인해 보세요.

- Although my sister lives **alone**, she says she never gets **lonely**.
- It is possible to be **lonely** in a crowd.
- How can you love yourself if you don't spend time **alone** to get to know yourself?

대화문을 보면서 alone과 lonely가 어떻게 사용되고 있는지 확인해 보세요.
유럽으로 출장을 가야하는 앤디. 아내는 불만이 이만저만이 아니다.

Andy	I'm going on a business trip abroad next month.
Wife	To where?
Andy	To Europe. First, I'll spend 4 days in Paris, and then I'll go to London and Dublin.
Wife	For how long?
Andy	I guess it'll take more than 2 weeks.
Wife	2 weeks? That's too long. I've never been apart from you for that long. I will feel **lonely** without you!
Andy	But I can't help it. At least you'll have your parents and friends. I have to go **alone**.
Wife	I want to go with you!
Andy	I'm not going for pleasure. This is a business!

앤디 나 다음 달에 해외abroad 출장business trip 가.
아내 어디로?
앤디 유럽으로. 우선 파리에서 4일을 보낸spend 후에 런던과 더블린으로 갈 거야.
아내 얼마 동안?
앤디 2주 이상 걸릴take 것 같아.
아내 2주? 너무 길다. 그렇게 오랫동안for that long 떨어져apart 본 적 없잖아. 당신 없으면 외로울 거야!
앤디 그렇지만 어쩔 수 없어can't help it. 적어도 당신은 부모님이나 친구들이 있잖아. 나는 혼자 가야 한다고.
아내 나도 같이 가고 싶어!
앤디 놀러for pleasure 가는 것이 아니야. 일business이라고!

주변에 다른 사람이 없을 때 **alone**
감정적으로 외로움을 나타낼 때 **lonely**

형태가 비슷해서 혼동되는 어휘

좀 더 멀리 내다보는 습관

farther · further

farther를 써야 하나, further가 아닐까요? 표시된 부분에 맞는 단어는 과연 무엇일까요?

- 더 자세한 사항은 Learning Center로 문의해 주세요.
  For _____ information, please contact the Learning Center.
- 그는 누구보다도 더 멀리 공을 던질 수 있었다.
  He could throw the ball _____ than anyone else.

★ **의미** 알면 실수 없다!

farther와 further는 모두 far에서 나온 비교급입니다. 거리를 말할 때는 farther와 further를 모두 쓸 수 있습니다. 그러나 '부가적으로, 추가적으로'라는 의미로 쓰일 때에는 farther가 아닌 further를 씁니다. 엄밀히 따지자면 farther는 물리적인 거리를 표현할 때에, further는 시간이나 양의 정도를 표현할 때 쓰이는 것으로 구분되어 왔으나 점점 이러한 구분이 없어지고 있습니다. 따라서 in addition, moreover 등의 의미일 때에는 further를 쓰되, 그 외에는 farther, further 모두 써도 의미가 통하지만 물리적인 거리에는 farther를 쓰는 것이 더욱 일반적이라고 이해하면 되겠습니다.

★ **형식** 알면 문제 없다!

- further에는 '부가적인, 더 추가된'이라는 뜻이 있는데 다음과 같이 활용할 수 있습니다.
  until **further** notice 다음 통지가 있을 때까지
  for **further** information/details 더 자세한 내용에 대해서는
- farther와 further는 형용사와 부사로 모두 쓰입니다.

farther, further의 바른 사용을 확인해 보세요.

- For **further** information, please contact the Learning Center.
- He could throw the ball **farther** than anyone else.

대화문을 보면서 farther와 further가 어떻게 사용되고 있는지 확인해 보세요.
앤디와 소현은 어디를 가는 도중 길을 잃고 말았다. 소현이 지도를 보며 길을 찾으려고 애쓰고 있다.

Andy: Where are we? I think we're completely lost.

Sohyeon: Wait a minute. I'll check the map. I don't think the maps match well with the road signs.

Andy: The map is useless. How much **farther** do we have to go?

Sohyeon: I think we'll be there in a minute. Just 3 blocks **further** up.

Andy: Are you sure? You've been saying "go **further**, go **further**" for a long time now.

Sohyeon: Well, I didn't expect it would take so long to walk there.

Andy: If we took a taxi, we would be there already.

Sohyeon: I'm terribly sorry. It's all my fault.

Andy: Don't get me wrong! I'm not accusing you.

앤디 여기가 어디야? 우리 완전히 completely 길을 잃은 be lost 것 같아.
소현 잠깐만 wait a minute. 내가 지도를 확인해 check the map 볼게.
지도가 도로 표지판 the road signs 이랑 잘 안 맞는 match 것 같아.
앤디 지도가 소용이 없네 useless. 얼마나 더 가야 해?
소현 내가 보기에 조금만 더 가면 in a minute 거기 도착할 be there 것 같아.
3블록만 더 올라가면 further up 돼.
앤디 확실해? 계속해서 "조금만 더 가, 조금만 더 가"라고 하고 있잖아.
소현 음, 거기까지 걸어가는 데 이렇게 오래 걸릴 거라고 예상하지 expect 못했어.
앤디 만약 택시를 탔다면 take a taxi 벌써 도착했겠다.
소현 정말 미안해. 다 내 잘못 fault이야.
앤디 오해하지 get me wrong 마! 너를
탓하는 accuse 게 아니야.

거리, 정도를 이야기할 때 **farther / further**
'부가적인, 추가적인'의 뜻으로 쓰일 때 **further**

형태가 비슷해서 혼동되는 어휘 125

이성과 감성의 차이를 구분하는 센스

sensible · sensitive

sensible을 써야 하나, sensitive가 아닐까요? 표시된 부분에 맞는 단어는 과연 무엇일까요?

- 나는 네가 모든 일에 좀 더 분별이 있었으면 좋겠어.
  I wish you would be more ▭ about things.

- 피부가 예민해서 나는 화장을 그렇게 많이 하지 않는다.
  My skin is ▭, so I don't put on a lot of make up.

★ **의미** 알면 실수 없다!

sensible과 sensitive는 모두 명사인 sense에서 나온 단어로 형태가 비슷하여 뜻도 역시 비슷할 것이라고 추측하기 쉽습니다. 그러나 의미가 아주 다르기 때문에 주의가 필요합니다. 먼저 sensible은 이성적이고 분별이 있어서 쉽게 속단하고 행동하지 않는 사람들을 묘사할 때 쓰입니다. 반면 sensitive는 감정적인 사람을 묘사할 때 쓰이는데 쉽게 화내거나 신경질적인 사람, 혹은 감수성이 예민하고 그것의 영향을 쉽게, 많이 받는 특징을 가리킵니다. 또한 특정 자극에 대해 민감하다고 할 때에도 sensitive를 활용할 수 있습니다. 예를 들어 민감한 아기 피부를 위한 로션 등을 보면 sensitive라는 단어를 사용한 것을 쉽게 찾아볼 수 있습니다.

★ **형식** 알면 문제 없다!

- sensitive와 함께 쓰이는 전치사를 알아볼까요?
  '~에 민감하다'고 할 때에는 전치사 to를 이용해서 **sensitive** to sth이라고 쓰면 됩니다. 예를 들어서 '햇볕에 민감하다'라고 할 때 **sensitive to** the sunlight이라고 쓰면 됩니다.

sensible, sensitive의 바른 사용을 확인해 보세요.

- I wish you would be more **sensible** about things.
- My skin is **sensitive**, so I don't put on a lot of make up.

대화문을 보면서 sensible과 sensitive가 어떻게 사용되고 있는지 확인해 보세요.
요즘 부쩍 짜증을 많이 내는 소현에게 앤디가 걱정스러운 듯 묻는다.

Andy   Why are you becoming so upset and irritated these days?

Sohyeon   I don't know why. I'm easily tired.

Andy   I was very surprised when you showed your anger in front of others. I thought you were a **sensible** person.

Sohyeon   I'm so sorry. I think I'm a little bit **sensitive**, so I've been arguing a lot with my boyfriend these days.

Andy   Are you having any problems? Just tell me.

Sohyeon   It's not that simple. I have too much to do at work. And I'm **sensitive** about gaining weight. As well, I'm not getting along with my best friend.

Andy   Even if you are having a hard time, you should control your emotions when you are with others.

앤디   요즘 왜 그렇게 화내고 upset 짜증내는 irritated 거야?
소현   나도 왜 그런지 몰라. 쉽게 피로해져 be easily tired.
앤디   다른 사람들 앞에서 in front of 네가 화내는 모습을 보였을 show your anger 때 매우 놀랐어 surprised. 나는 네가 분별 있는 사람이라고 생각했었어.
소현   정말 미안해. 내가 약간 a little bit 민감한 것 같아. 그래서 요즘 내 남자친구하고도 자주 말다툼을 해 argue.
앤디   너 무슨 문제 있어? 나에게 털어놓아 봐.
소현   그렇게 간단하지 않아. 직장에서 at work 일이 너무 많아 have too much to do. 그리고 살찌는 것 gain weight에도 민감하고. 게다가 as well 친한 친구와도 잘 지내지 get along with 못하고 있어.
앤디   비록 네가 어려운 시기를 겪고 have a hard time 있더라도, 네가 다른 사람들과 함께 있을 때는 감정을 조절할 control 줄 알아야 해.

분별 있는, 이성적인 **sensible**
감성적인, 민감한 **sensitive**

술을 마실 때에는 적당히!

drunk · drunken

drunk를 써야 하나, drunken이 아닐까요? 표시된 부분에 맞는 단어는 과연 무엇일까요?

- 너 분명히 취했어.
  I bet you're ☐.

- 그는 음주 운전으로 기소되었다.
  He was convicted of ☐ driving.

★ **의미** 알면 실수 없다!

drunk와 drunken 모두 '술 취한'이라는 뜻인데 '드렁큰 타이거'라는 그룹 이름에서도 볼 수 있듯이 우리나라 사람들은 drunken이란 단어를 지나치게 많이 쓰는 경향이 있습니다. 그러나 두 단어는 용법에 있어서 차이가 있습니다. 우선 drunk는 서술적 용법으로 많이 쓰입니다. 즉 주로 동사 뒤에 나와 주어의 상태를 설명해 주는 것입니다. 그러나 drunk driver나 drunk driving과 같이 몇몇의 예외적인 관용표현들은 허용됩니다. 반면 drunken은 명사를 앞에서 꾸며주는 한정적 용법으로 쓰입니다.

★ **형식** 알면 문제 없다!

- drunken은 drink의 과거완료형이 아닙니다. 동사 drink의 과거형과 과거완료형은 drank-drunk입니다.
- 법적 용어로 '음주 운전자'는 a **drunken** driver라고 합니다. 또한 '술 취한 사람'이라고 할 때에는 a **drunk**라고 하여 명사로 쓰일 수 있습니다.

drunk, drunken의 바른 사용을 확인해 보세요.

- I bet you're **drunk**.
- He was convicted of **drunken** driving.

대화문을 보면서 drunk와 drunken이 어떻게 사용되고 있는지 확인해 보세요.
가볍게 술 한 잔 걸치고 차를 직접 운전하고 온 앤디. 그래서 아내는 화가 났다.

Andy	On my way home I was almost arrested for **drunken** driving.
Wife	What? I told you not to drink and drive.
Andy	I only drank a little.
Wife	I can't believe you. Don't you know how dangerous it is to drive after drinking?
Andy	I know. But I'm not **drunk**. Don't worry.
Wife	Even if you are not **drunk**, you should leave your car at work and take a taxi.
Andy	O.K. I will next time.
Wife	No, I want you to quit drinking!
Andy	That's impossible.

앤디 집에 오는 길에|on my way home 음주 운전으로 거의 걸릴 뻔했어|almost be arrested.
아내 뭐라고요? 술 마시고 운전하지|drink and drive 말라고 했잖아요.
앤디 아주 조금|a little 마셨어.
아내 믿을 수 없어요. 술 마시고 운전하는|drive after drinking 것이 얼마나 위험한지|dangerous 몰라요?
앤디 알아. 하지만 취하지 않았어. 걱정하지 마.
아내 비록 취하지 않았더라도 차를 회사에|at work 두고 택시를 타야지요|take a taxi.
앤디 알았어. 다음부터 그렇게.
아내 아니요, 당신이 술을 끊었으면|quit drinking 좋겠어요!
앤디 그건 불가능해|impossible.

동사 뒤에서 서술적으로 **drunk**
명사 앞에서 한정적으로 **drunken**

경제도 어려운데 경제적으로 살아야지

economic · economical

economic을 써야 하나, economical이 아닐까요? 표시된 부분에 맞는 단어는 과연 무엇일까요?

- 자전거 타기는 건강에 좋고 조용하고 경제적이며 대기 오염도 예방할 수 있는 교통수단이다.
  Cycling is a healthy, quiet, ⬚, and pollution-free means of transport.

- 그는 현 정치적, 경제적 위기들을 잘 대처할 수 있었다.
  He was able to cope with the current political and ⬚ crises.

★ **의미** 알면 실수 없다!

economic과 economical은 모두 economy라는 단어에서 나온 형용사이기 때문에 뜻을 혼동하는 경우가 많습니다. 먼저 economic은 경제 활동과 연관된 의미를 가집니다. 경제 성장이라든지 경제 발전 등을 언급할 때 쓰이고 여기에 -s를 덧붙여 economics라고 하면 경제를 연구하는 학문인 '경제학'이 됩니다. 영국의 권위 있는 경제 관련 잡지의 이름에도 economic이 들어가 있지요. 반면 economical은 검소하고 절약한다는 의미의 '경제적인'이라는 뜻입니다. economical한 물건들은 돈과 시간이 덜 드는 물건들이고 사람이 economical하다고 하면 검소하다는 뜻이 됩니다.

★ **형식** 알면 문제 없다!

- **economic** growth/development/policy/reform 경제 성장/발전/정책/개혁
- **economical** methods/cars/fuel 경제적인 방법/자동차/연료

economic, economical의 바른 사용을 확인해 보세요.

- Cycling is a healthy, quiet, **economical**, and pollution-free means of transport.
- He was able to cope with the current political and **economic** crises.

대화문을 보면서 economic과 economical이 어떻게 사용되고 있는지 확인해 보세요.
새 차를 사려고 생각 중인 앤디. 소현은 경제적인 차를 사라고 이야기한다.

Andy: I'm thinking about buying a new car.
Sohyeon: Really? Wow, you must be rich. People aren't spending because of the **economic** slump.
Andy: No, my car is too old and it keeps breaking down. I have no choice.
Sohyeon: So did you decide what to buy?
Andy: Not yet. I'll have to check out the dealership this weekend.
Sohyeon: Why don't you get an **economical** car?
Andy: Yes. I want something that is fuel-efficient.

앤디: 나 새 차 뽑을까 생각 중이야.
소현: 정말? 와, 너 돈 많구나. 경기가 안 좋아서slump 사람들이 돈을 안 쓰고 있는 마당에 말이야.
앤디: 아니, 내 차가 너무 낡아서 계속 고장 나더라고break down. 선택의 여지가 없어have no choice.
소현: 그래서 어떤 것으로 살지 결정했어decide?
앤디: 아직. 이번 주말에 대리점dealership에 가서 알아봐야check out 해.
소현: 경제적인 차를 사는 게 어때?
앤디: 응. 연료 효율적인fuel-efficient 것이 좋지.

경제 활동과 관련되면 *economic*
검소하고 절약적인 것과 관련되면 *economical*

역사에 길이 남으리~
historic · historical

historic을 써야 하나, historical이 아닐까요? 표시된 부분에 맞는 단어는 과연 무엇일까요?

- 이 책들은 12세기에 있었던 역사상의 사건들을 바탕으로 하고 있다.
  These books are based on actual ▭ events in the 12th century.

- 유럽은 많은 역사적인 건물들을 자랑한다.
  Europe boasts many ▭ buildings.

★ **의미** 알면 실수 없다!

historic과 historical은 모두 명사인 history와 연관이 있는 단어들입니다. 그러나 일반적으로 두 단어는 뉘앙스가 다른 단어이므로 구별할 필요가 있습니다. historic은 역사상 중요하거나 의미가 있다는 뉘앙스를 가지고 있습니다. 그래서 역사상 중요한 장소, 사건, 지역 등을 일컬을 때에는 historic을 써야 합니다. 또한 역사적으로 의미 있는 일, 예를 들어 두 나라의 정상이 중요한 조약을 맺는다든지 할 때에도 historic을 써서 표현할 수 있습니다. 반면 historical은 역사에 존재하는, 역사와 관련된 모든 것을 가리킬 때에, 다시 말하면 그것이 의미가 있든 없든 간에 과거에 있었던 일이라는 뉘앙스를 가지고 있습니다. 또한 역사 연구와 관련된 것을 표현할 때에 쓰입니다.

★ **형식** 알면 문제 없다!

- a **historic** building/place/monument/moment/event
  역사적 건물/장소/기념비/순간/사건
- a **historical** background/document/research/novel/event
  역사상의 배경/문서/연구/소설/사건
- **historic** event와 **historical** event는 어떻게 다를까요? 전자는 역사적으로 의미 있는 사건들을 말하는 것이고 후자는 과거에 일어났던 사건을 가리키는 것입니다. 차이점을 아시겠죠?

historic, historical의 바른 사용을 확인해 보세요.

- These books are based on actual **historical** events in the 12th century.
- Europe boasts many **historic** buildings.

대화문을 보면서 historic과 historical이 어떻게 사용되고 있는지 확인해 보세요.
한국에 관심이 많은 앤디. 한국의 역사적인 도시인 경주에 대해 소현과 이야기하고 있다.

Sohyeon   **Have you ever been to Gyeongju?**

Andy   **Yes. I heard that Gyeongju is one of the most famous historic sites in Korea. I visited there with my friends to learn about Korean history and tradition.**

Sohyeon   **It's a very historic city and has a lot of attractions.**

Andy   **Right. I'm becoming interested in Korean culture and history. I really enjoy reading Korean historical novels and watching historical dramas, but I feel the need to study Korean first. I can't completely understand them.**

Sohyeon   **I can help you learn Korean. You shouldn't think all the things in the dramas and books are all true. They are based on historical facts, though.**

소현   경주에 가 봤어?
앤디   응. 경주가 한국에서 가장 유명한famous 역사적인 장소sites 중 하나라고 들었어. 한국 역사와 전통tradition에 대해 배우려고 친구들과 거기 갔었어.
소현   매우 역사적인 도시고 명소들attractions이 많은 곳이지.
앤디   맞아. 한국 문화culture와 역사에 점점 관심이 생겨become interested. 한국 역사 소설을 읽는 것과 역사 드라마 보는 것을 정말 좋아해. 하지만 먼저 한국어를 공부해야 할 필요성을 느껴feel the need. 완전하게completely 이해가 안 가거든.
소현   내가 한국어 배우는 걸 도와줄 수 있어. 드라마와 책에 나오는 모든 것이 다 진짜라고 생각하진 마. 그것들이 역사적인 사실에 바탕을 둔be based on 것이긴 하지만.

역사상 존재하면 **historical**
역사상 의미 있고 중요하면 **historic**

쉬지 않고 다시 또 다시

continual · continuous

continual을 써야 하나, continuous가 아닐까요? 표시된 부분에 맞는 단어는 과연 무엇일까요?

- 나는 계속 오는 광고 문자 메시지에 짜증이 났다.
  I have become annoyed by ▢ spam text messages.
- 서울에 3일 동안 계속 비가 내렸다.
  For three days, there was ▢ rain in Seoul.

★ **의미** 알면 실수 없다!

동사인 continue는 '계속되다, 연속되다, 이어지다' 등의 뜻이 있습니다. 따라서 여기에서 파생된 형용사인 continual과 continuous 역시 비슷한 의미를 가지고 있습니다. 하지만 두 단어에는 미묘한 의미 차이가 있는데 하나씩 살펴봅시다.
먼저 continual은 무엇인가 반복적으로 일어날 때 쓰입니다. 그리고 때로는 그것이 짜증난다는 뉘앙스를 풍기기도 합니다. 반면 continuous는 무엇이 일어나는 동안 끊어짐이나 멈춤이 없이 계속적인 것, 연속적인 것을 말합니다. 따라서 누가 초인종을 계속 반복해서 누를 경우에는 continual을 쓰면 되고, 콘서트 티켓을 사기 위해 사람들이 끝없이 계속 줄을 서 있다고 할 때에는 continuous를 쓰면 됩니다. 부사형인 continually와 continuously 역시 같은 맥락으로 생각하시면 됩니다.

★ **형식** 알면 문제 없다!

- **continual** interruptions/complaining/moaning/nagging
  계속되는 방해/항의/불평/잔소리
- **continuous** development/efforts/supply/line/process
  지속적인 발전/노력/공급/줄/과정

continual, continuous의 바른 사용을 확인해 보세요.

- I have become annoyed by **continual** spam text messages.
- For three days, there was **continuous** rain in Seoul.

대화문을 보면서 continual과 continuous가 어떻게 사용되고 있는지 확인해 보세요.
매니저로 승진하여 더 바빠진 생활에 피곤한 앤디. 소현이 앤디를 보고 걱정스러운 듯 묻는다.

Sohyeon You look tired.
Andy I didn't sleep very well last night.
Sohyeon Why? Did you have a lot of work to do?
Andy Since I got promoted to manager, my life is a stream of **continuous** exhausting work.
Sohyeon There's always a trade-off.
Andy You are right. **Continual** telephone calls bother me even after work.
Sohyeon You'll be used to it, I guess.

소현 피곤해 보인다.
앤디 어젯밤 잘 못 잤어.
소현 왜? 할 일이 많았어?
앤디 매니저로 승진한get promoted 이후로 내 삶은 계속되는 고단한exhausting 일의 연속a stream of이야.
소현 항상 얻는 게 있으면 잃는 게 있지a trade-off.
앤디 네 말이 맞아. 심지어 퇴근 후에도 계속해서 울려대는 전화벨 소리 때문에 괴로워bother.
소현 곧 익숙해be used to지겠지.

반복적으로 계속될 때 **continual**
끊어짐이 없이 연속될 때 **continuous**

형태가 비슷해서 혼동되는 어휘

접미사 하나만 붙였을 뿐인데

hard · hardly

hard를 써야 하나, hardly가 아닐까요? 표시된 부분에 맞는 단어는 과연 무엇일까요?

- 어떠한 학생도 단지 대학에 들어가기 위한 목적만으로 **열심히** 공부해서는 안 된다.
  No student should work ☐ just to get into college.

- 조금만 더 크게 말해 줄래? **거의 안** 들려.
  Can you speak a little louder, please? I can ☐ hear you.

★ **의미** 알면 실수 없다!

hard와 hardly는 모두 친숙한 단어이지만 가끔 혼동될 때가 있습니다. 우선 hard는 형용사와 부사의 형태가 같습니다. 예를 들어 hard가 형용사로 쓰이면 hard work(힘든 일), 부사로 쓰이면 work hard(열심히 일하다)가 됩니다. hard는 여러 가지 뜻을 가지고 있는데 그 중 몇 가지를 들어보면 '단단한', '어려운, 힘든', '부지런한, 열심인'의 형용사의 뜻으로 명사를 꾸며줍니다. 부사로 쓰일 때에는 동사 뒤에 위치하여 '열심히', '세게', '단단히' 등의 뜻으로 쓰입니다. 그리고 hard에 접미사인 -ly를 붙이면 또 다른 부사가 됩니다. 즉 hard와 hardly는 모두 부사로 쓰이지만 뜻은 전혀 다릅니다. hardly는 almost not의 의미로 그 자체로 부정의 의미를 가지고 있습니다.

★ **형식** 알면 문제 없다!

- '열심히 일하다/노력하다'를 work/try **hardly**라고 하면 틀리죠? 왜냐하면 형용사 hard의 부사형은 hard이기 때문입니다. 따라서 이 경우에는 work/try **hard**라고 해야 맞습니다.
- hardly는 almost not과 같은 의미라고 했습니다. 부정의 의미를 가지고 있기 때문에 부정어 (not, never 등)와 같이 사용하지 않도록 주의하세요!

hard, hardly의 바른 사용을 확인해 보세요.

- No student should work **hard** just to get into college.
- Can you speak a little louder, please? I can **hardly** hear you.

대화문을 보면서 hard와 hardly가 어떻게 사용되고 있는지 확인해 보세요.
동네에서 말썽쟁이로 유명했던 아이가 하버드에 합격했다는 소식을 듣고 소현과 앤디가 이야기 중이다.

Sohyeon I heard that he was accepted to Harvard. I can **hardly** believe my ears!

Andy Yes. That was surprising news. I remember he always got into trouble when he was young.

Sohyeon He really did. But I remember he was curious about everything around him. And I heard he really studied **hard** during his high school days.

Andy I hope he works **hard** in Harvard, too.

소현 그 애가 하버드에 합격했다고 be accepted 들었어. 내 귀를 믿을 believe 수 없어!
앤디 응. 정말 놀라운 surprising 뉴스였어. 내 기억으론 그 애는 어렸을 적 항상 말썽만 부렸었는데 get into trouble.
소현 정말 그랬지. 하지만 그 애는 주변의 모든 것에 호기심이 있는 curious 아이였어. 그리고 고등학교 때 정말 열심히 공부했다고 하더라고.
앤디 하버드에 가서도 열심히 공부했으면 좋겠다.

형용사, 부사로 모두 쓰이면 **hard**
부사로 almost not의 의미로 쓰이면 **hardly**

S를 잊지 마세요

indoors · indoor

indoors를 써야 하나, indoor가 아닐까요? 표시된 부분에 맞는 단어는 과연 무엇일까요?

- 실내 공기 오염은 진정한 관심사가 될 수 있다. 왜냐하면 사람들이 90% 이상의 시간을 실내에서 보내기 때문이다.
☐ air pollution can be a real concern because people can spend as much as 90% of their time ☐.

- 모든 허브가 실내에서 기르기 적당한 것은 아니다.
Not every herb is suitable for growing ☐.

★ **의미** 알면 실수 없다!
indoors와 indoor는 비슷한 뜻을 가지고 있으나 품사가 다릅니다. 품사가 다르니 쓰이는 형식도 다르겠죠? 먼저 indoors는 부사로서 '실내에서'라는 의미를 가지고 있습니다. 가끔 '실내에서, 실내로' 등의 표현을 하고 싶을 때 우리말을 그대로 번역하여 indoors 앞에 in이나 at과 같은 전치사를 붙이는 경우가 있는데 indoors는 부사이므로 전치사와 함께 쓸 수 없습니다. 이 점을 주의하시기 바랍니다. 반면 indoor는 형용사로서 명사를 꾸며주어 '실내의'라는 뜻입니다.

★ **형식** 알면 문제 없다!
- '실내 수영장'은 **indoor** swimming pool, '실내 스포츠'는 **indoor** sport, '실내 게임'은 **indoor** game, '실내에서 치는 골프'는 **indoor** golf라고 하면 됩니다. 또한 I'm an **indoor** person.이라고 하면 실내에 있기를 좋아하는 사람이라는 의미가 됩니다.

indoors, indoor의 바른 사용을 확인해 보세요.

- **Indoor** air pollution can be a real concern because people can spend as much as 90% of their time **indoors**.
- Not every herb is suitable for growing **indoors**.

대화문을 보면서 indoors와 indoor가 어떻게 사용되고 있는지 확인해 보세요.
5년 만에 가장 더운 날이라는 뉴스를 들은 앤디의 아내. 앤디에게 수영장이라도 가자고 한다.

Wife	I just heard on the news that today is the hottest day in 5 years.
Andy	It sounds like a perfect day to stay **indoors**.
Wife	But we don't have to stay at home. There are lots of **indoor** activities to enjoy. Why don't we go to the **indoor** swimming pool in the city?
Andy	That's exactly what I say. It's too hot, sticky, and uncomfortable to be at home.
Wife	Let's get ready to go!

아내　오늘이 5년 만에in 5 years 가장 더운 날이라고 방금 뉴스에서 들었어요.
앤디　실내에서 지내기에stay 완벽한perfect 날인 것 같아.
아내　하지만 집에at home 있을 필요는 없잖아요. 실내에서 즐길 수 있는 활동들activities이 많아요. 우리 시내에 있는 실내 수영장swimming pool 갈까요?
앤디　바로exactly 내가 하려던 말what I say이야. 집에 있기에는 너무 덥고 끈적거리고sticky 불편해uncomfortable.
아내　나갈 준비get ready to go해요!

형용사로 명사를 꾸며주면 **indoor**
부사로 쓰이면 **indoors**

옆에 -s가 더해지면 뜻이 달라지네?

beside · besides

beside를 써야 하나, besides가 아닐까요? 표시된 부분에 맞는 단어는 과연 무엇일까요?

- 나는 요즘 계속해서 누군가가 내 옆에 있는 것처럼 느낀다.
  I constantly feel as if someone is ☐ me these days.

- 영어 말고 무슨 과목들을 듣고 있어?
  What subjects are you taking ☐ English?

- 너무 비싸. 게다가 색깔도 마음에 안 들어.
  It's too expensive. ☐, I don't like the color.

★ **의미** 알면 실수 없다!

beside와 besides는 형태가 비슷하여 사용할 때 뜻과 용도가 혼동되는 어휘들입니다. 품사가 명사라면 besides가 beside의 복수형쯤 된다고 생각할 수 있겠으나 아쉽게도 명사가 아니고, 특별한 규칙이 있는 것도 아니므로 그냥 암기해두는 수밖에는 없을 듯합니다. 먼저 beside는 next to, at the side of, by 등의 의미로 '~옆에, 가까이에'의 의미입니다. 그리고 besides는 as well as, in addition to 등의 의미로 이미 알고 있는 것에 새로운 정보를 추가하여 이야기할 때 쓰이는 어휘입니다. 또한 besides는 문장의 앞에서 부사로 쓰여 as well, furthermore 등의 의미로 쓰이기도 합니다.

★ **형식** 알면 문제 없다!

- besides를 쓸 때 주의해야 할 점을 살펴봅시다.
  besides는 '~이외에, ~에 더하여'라는 뜻이죠? '**besides+명사**'로 쓰면 됩니다. 가끔 besides 앞에 of를 붙여 'besides of+명사'의 형태로 쓰는 경우를 보는데 바른 용법이 아니므로 of를 쓰지 않도록 주의하시기 바랍니다.

beside, besides의 바른 사용을 확인해 보세요.

- I constantly feel as if someone is **beside** me these days.
- What subjects are you taking **besides** English?
- It's too expensive. **Besides**, I don't like the color.

대화문을 보면서 beside와 besides가 어떻게 사용되고 있는지 확인해 보세요.
소현이 새 집을 장만하게 되어 한껏 들떠 있다. 이에 앤디가 진심으로 축하해 준다.

Sohyeon I bought a new house for the first time in my life!
Andy Congratulations! How is it having your own house?
Sohyeon I'm so happy. There is a supermarket **beside** my house. It's very convenient. **Besides**, there's a small garden. I'm going to grow flowers.
Andy That sounds great! When are you going to move in?
Sohyeon Next week.
Andy I can't wait for the housewarming party!

소현 살면서 처음으로 for the first time 새 집을 장만했어!
앤디 축하해 Congratulations. 네 your own 집을 갖는 기분이 어때?
소현 정말 행복해. 집 옆에 슈퍼가 있어. 매우 편리해 convenient. 게다가 작은 정원 garden도 있어. 꽃을 키울 grow flowers 거야.
앤디 멋진 생각이야! 언제 이사 들어가 move in?
소현 다음 주.
앤디 집들이 housewarming party 기대되는군!

~옆에 beside
~에 더하여, 게다가 besides

★ Review Test

Step 1 다음 문장에 알맞은 단어를 괄호 안에서 고르세요.

1. Two gay men were granted the right to (**adapt** / **adopt**) a five-year-old girl in Brazil.

2. People can legally (**immigrate** / **emigrate**) to the United States in four main ways, a U.S. Immigration Service official said.

3. Today's presentation will (**proceed** / **precede**) as following.

4. We're learning how to (**cooker** / **cook**) in the after-school club.

5. She (**complimented** / **complemented**) her daughter on the way the necklace (**complimented** / **complemented**) her dress.

6. Some religions make it an offense to step on someone's (**shade** / **shadow**).

7. You're not beautiful unless you have the right (**cloth** / **clothes**), hair, accessories, etc.

8. We wish to extend our deepest (**sympathy** / **empathy**) during this dreadful time.

9. One effective way of motivating workers is to provide incentives and (**awards** / **rewards**) for excellent performance and recognition for a job well done.

10. I try really (**hard** / **hardly**) not to talk politics or religion because those are really hot topics.

★ Review Test

해석을 통해서 올바른 표현을 확인하세요.

1. 브라질에 사는 두 명의 게이가 5살짜리 여자 아이를 입양할 권리right를 인정받았다be granted.

2. 사람들은 네 가지 주요 방법으로in four main ways 미국에 합법적으로legally 이민 올 수 있다고 미국 이민국 관리official가 말했다.

3. 오늘 발표presentation는 다음과 같이as following 진행됩니다.

4. 우리는 방과 후after-school 활동에서 요리하는 법을 배우고learn 있다.

5. 그녀는 자기 딸에게 목걸이necklace가 드레스와 잘 어울린다고on the way 칭찬했다.

6. 어떤 종교들religions은 다른 사람의 그림자를 밟는step on 것을 불쾌한 것으로 여긴다make it an offense.

7. 네가 적절한right 옷과 머리와 액세서리accessories 등을 하지 않는 한unless 아름답지 않다.

8. 이런 끔찍한dreadful 시기 동안에 깊은 위로의 말씀을 전하고extend 싶습니다.

9. 근로자들을 독려하는motivate 효과적인effective 방법 하나는 훌륭한 작업 결과excellent performance에 인센티브incentives와 보상을 주고 잘 한 일a job well done에 대해 인정해recognition 주는 것이다.

10. 나는 정치politics나 종교religion 이야기는 하지 않으려고 정말 열심히 노력한다. 왜냐하면 그런 것들은 정말 민감한 주제hot topics이기 때문이다.

Answer adopt / immigrate / proceed / cook / complimented, complemented / shadow / clothes / sympathy / rewards / hard

★ Review Test

Step 2 밑줄 친 단어가 문맥에 맞게 쓰인 문장을 고르시오.

1. He realized that <u>principles</u> are sometimes difficult to put into practice. (   )

    He realized that <u>principals</u> are sometimes difficult to put into practice. (   )

2. Breastfeeding has negligible <u>affect</u> on babies' IQ. (   )

    Breastfeeding has negligible <u>effects</u> on babies' IQ. (   )

3. My mother is <u>dead</u> when I was a high school student. (   )

    My mother <u>died</u> when I was a high school student. (   )

4. It's <u>funny</u> to travel around the world. (   )

    It's <u>fun</u> to travel around the world. (   )

5. During the interview, show yourself to be a well-balanced and <u>sensible</u> person with varied interests. (   )

    During the interview, show yourself to be a well-balanced and <u>sensitive</u> person with varied interests. (   )

★ Review Test
해석을 통해서 정답을 확인하세요.

1 그는 원칙은 가끔 실행에 옮기기put into practice 어렵다는 것을 깨달았다realize.

2 모유 수유는breastfeeding 아기의 IQ에 약간의negligible 영향을 준다.

3 우리 어머니는 내가 고등학생이었을 때 돌아가셨다.

4 세계를around the world 여행하는travel 것은 즐겁다.

5 인터뷰 동안에 네 자신이 다양한 관심사를 가진with varied interests 상식이 있고 well-balanced 분별력이 있는 사람이라는 것을 보여 주어라.

Answer 1 (A) / 2 (B) / 3 (B) / 4 (B) / 5 (A)

비슷하게 생긴데다 발음까지 비슷해서
도무지 구분이 안 된다?

초등학교 국어 시간에 동음이의어에 대해서 배운 기억이 난다. 예를 들어 보는 '눈'은 짧은 발음이고 내리는 '눈'은 긴 발음이므로 정확히 말하려면 '눈에 눈(:)이 들어갔다'라고 해야 한다. 그러나 실제로 우리는 보는 '눈'과 내리는 '눈'을 장음과 단음으로 구별해서 사용하지 않는다. 각 단어의 쓰임새만 보아도 우리는 이 둘을 쉽게 구분할 수 있다. 어떻게 그것이 가능할까? 답은 간단하다. 실생활에서 이것저것 듣고 쓰고 하다 보니 '눈'은 볼 때 쓰는 것이고 '눈(:)'은 내리는 것이라는 사실을 자연스럽게 터득하게 되어 굳이 규칙을 외울 필요가 없는 것이다.

여기에서 영어의 동음이의어를 얘기하자는 것은 아니다. 다만, 형태가 비슷하고 발음이 비슷한 영어 단어들도 제각기 쓰임새가 다르다는 점을 이야기하고 싶다. 안 그래도 헷갈려 죽겠는데 굳이 비슷한 단어들을 모아 더욱 혼란스럽게 할 것이 뭐 있느냐고 할 수도 있겠지만 이번 기회에 머릿속에 모호하게 섞여 있었던 어휘들을 끄집어내어 확실히 파악해둘 수 있으면 좋겠다.

1. 인터넷을 이용해 보자!

요즘은 인터넷의 발달로 영어 공부하기에는 더할 나위 없이 좋은 환경이다. 무료로 이용할 수 있는 다양한 콘텐츠를 이용해보자. 예를 들어 인터넷에서 수많은 영영 사전과 영한 사전을 무료로 이용할 수 있다. 의미와 예문뿐만이 아니라 발음까지도 직접 들어볼 수 있는 유용한 수단이다. 눈으로 보고, 귀로 듣고, 입으로 말하는 과정을 같이 하게 되면 그렇게 하지 않을 때보다 학습 효과가 훨씬 크다. 특히 형태나 발음이 비슷하여 혼동이 되는 어휘들은 발음까지 확실히 알아두지 않으면 발화는 물론이거니와 듣기에도 지장을 줄 수 있다.

2. 단어가 가지고 있는 네트워크를 활용하자!

한 단어를 기점으로 여러 단어와 연결해서 네트워크를 만들어 보는 것도 좋은 어휘 학습 방법의 하나다. 동의어, 반의어, 파생어 등을 이용하여 한 단어를 가지고 어휘 지식을 불릴 수 있다. 또한 이 책에 나와 있는 내용과 예문들만으로는 부족할 수 있으므로 책에 나온 내용을 바탕으로 확장해서 더 많은 예문을 추가하여 학습한다면 자연스럽게 어휘 실력이 향상됨을 느낄 수 있을 것이다.

Chapter 3
★ 반대의 뜻으로
다양하게 쓰이는 어휘

클립 하나면 자료 정리는 OK!

clip

다음 두 문장을 보고 각 문장에 쓰인 clip의 의미가 무엇인지 생각해 보세요.

- I **clipped** the article from the newspaper and kept it in my file.
- Would you please **clip** these documents together?

★ **의미** 알면 실수 없다!

서류를 고정시킬 때 사용하는 도구를 클립이라고 하죠? clip은 명사로 쓰이면 서류 등을 고정시키는 '클립'이라는 뜻이며, 동사로 쓰이면 attach, fasten, hold 등과 비슷한 뜻으로 쓰여 '클립으로 고정시키다'라는 의미입니다. 그러나 이와는 정 반대의 의미도 있어서 clip은 cut, trim, drop의 의미로도 쓰입니다. '~을 자르다', '~을 오려내다'라는 의미로 쓰여서 신문에서 기사나 쿠폰 등을 오려낼 때, 손톱을 자른다고 할 때 clip을 사용하여 표현할 수 있습니다.

★ **형식** 알면 문제 없다!

- clip에 전치사 to를 쓰느냐 from을 쓰느냐에 따라 의미가 완전히 달라지므로 주의해서 써야 합니다. **clip** something **to** something은 '고정시키다'의 의미이고, **clip** something **from** something은 '오려내다'의 의미로 쓰인다는 것 명심하세요!
- 문서를 고정시키는 '클립'은 a paper **clip**, '넥타이핀'은 a tie **clip**이라고 합니다.
- 영화에서 일부 장면들을 편집해 놓은 영상은 a movie **clip**이라고 합니다. 컴퓨터에 여러 가지 그림들이 저장되어 있어 언제든지 복사하여 쓸 수 있는 그림 파일 모음집은 **clip** art라고 하죠. 또한 '손톱깎이'는 a nail **clipper**라고 합니다.

예문을 통해 단어의 의미를 확인해 보세요.

- **I clipped** the article from the newspaper and kept it in my file.
  나는 신문에서 그 기사를 오려 파일에 보관해 놓았다.
- Would you please **clip** these documents together?
  이 서류들을 함께 클립으로 고정시켜 주실래요?

대화문을 보면서 clip이 어떻게 사용되고 있는지 확인해 보세요.
늘 같은 헤어스타일이 지겨웠던 소현. 미용실에서 새로 머리를 하려고 한다.

Hairdresser	How would you like to have your hair done?
Sohyeon	I **clipped** a photo from a magazine. I want to try a new look. And I've always thought of trying the wavy look. I'm tired of tying it and **clipping** it back with a large hairpin.
Hairdresser	The style she has her hair curled in is called "beach waves." First, you need to have a haircut.
Sohyeon	O.K.

헤어디자이너　머리를 어떻게 해드릴까요 have your hair done?
소현　　　　제가 잡지magazine에서 사진 한 장을 오려 왔어요. 새로운 스타일을
　　　　　시도해보고try a new look 싶어요. 항상 웨이브 머리wavy look를 시도해볼까
　　　　　생각했었거든요. 머리를 묶어서tye 큰 머리핀hairpin으로 고정시키는 것이
　　　　　지겨워서요 be tired of.
헤어디자이너　이 여자가 한 웨이브curled in 스타일은 "비치 웨이브"라는 be called 것이에요.
　　　　　우선 머리를 좀 자를have a haircut 필요가 있겠네요.
소현　　　　알겠어요.

clip
자르다 (cut out)
고정시키다 (fasten together)

하나만 알면 붙였다 떼었다를 내 마음대로!

trim

다음 두 문장을 보고 각 문장에 쓰인 trim의 의미가 무엇인지 생각해 보세요.

- Cut your toenails straight across. Do not **trim** them too short or deeply into the corners.
- I bought a dress **trimmed** with lace and beads.

★ **의미** 알면 실수 없다!

미용실에 가서 머리를 조금 다듬고 싶을 땐 영어로 뭐라고 하면 될까요? 이럴 때 쓸 수 있는 단어가 바로 trim입니다. trim은 일부를 떼어내는 것을 말합니다. 즉 '다듬다, 손질하다' 등의 의미인데 머리를 다듬거나 손톱을 깎거나 나무의 잔가지를 쳐낼 때에도 이 단어를 쓸 수 있습니다. 또한 사진이나 문서의 가장자리를 잘라냈을 때에도 trim을 활용할 수 있습니다. 미용실에 가서 "살짝 다듬어 주세요."라고 말하고 싶다면 Just a trim, please.라고 하면 됩니다. 반대로 떼어내는 것이 아닌 붙이는 것에도 trim을 쓸 수 있습니다. 물건에 무언가를 붙여서 장식을 할 경우 '~으로 장식하다, ~을 달다'의 의미로 trim이 쓰입니다.

★ **형식** 알면 문제 없다!

- take pieces off의 의미일 경우 off나 away를 쓰고, add things의 의미일 경우 with를 써서 다음과 같이 표현하면 됩니다.
  trim A **off**(**away**) B B에서 A를 잘라내다
  trim A **with** B A에 B를 달아 장식하다
- yellow fur **trimmed** bag, lace **trimmed** leggings는 각각 '노란 털 장식이 달린 가방'과 '레이스가 달린 레깅스'를 의미합니다.

예문을 통해 단어의 의미를 확인해 보세요.

- Cut your toenails straight across. Do not **trim** them too short or deeply into the corners.
  발톱은 일자로 자르세요. 너무 짧거나 모서리 쪽을 깊게 깎지 마세요.
- I bought a dress **trimmed** with lace and beads.
  나는 레이스와 비즈로 장식된 옷을 샀다.

대화문을 보면서 trim이 어떻게 사용되고 있는지 확인해 보세요.
앤디가 새로 집을 단장했다. 소현이 앤디의 집에 놀러와 새롭게 변한 집을 보고 감탄한다.

Andy   I really worked hard to decorate my house.

Sohyeon   Wow, it looks totally different. I thought you moved into a new house! I really like the curtain **trimmed** with lace.

Andy   Come here! If you see the garden, you will be amazed! I **trimmed** some branches from the maple tree, and I planted some flowers and other trees.

Sohyeon   It's so beautiful. You did a good job.

앤디   집을 꾸미느라 decorate 정말 열심히 노력했어.
소현   와, 완전히 달라 totally different 보이네. 새 집으로 이사 온 move into 줄 알았어! 레이스 달린 with lace 커튼 curtain이 정말 마음에 들어.
앤디   이쪽으로 와 봐! 정원을 보면 놀랄 be amazed 거야! 단풍나무 maple tree 가지 branch를 좀 쳐냈어. 그리고 꽃이랑 다른 나무들도 좀 심었구 plant.
소현   정말 아름다워. 정말 잘 했네 do a good job.

trim
다듬다 (take pieces off)
붙이다 (add things)

털고 닦고 뿌리고

dust

다음 두 문장을 보고 각 문장에 쓰인 dust의 의미가 무엇인지 생각해 보세요.

- I wonder how long it had been since he **dusted** the blankets.
- Next, she **dusted** the meat well with salt and pepper.

★ **의미** 알면 실수 없다!

dust를 대개 '먼지'나 '가루' 등의 명사로만 알고 있는 경우가 많습니다. 그러나 dust가 동사로 쓰이면 두 가지의 정반대 의미를 가진 단어가 됩니다. 첫 번째는 '먼지를 털거나 닦아내다'라는 의미입니다. 예를 들어 가구에 묻어 있는 먼지를 털어낸다고 할 때 dust를 이용하면 됩니다. 두 번째는 첫 번째 의미와는 정반대인 '가루를 뿌리다'라는 뜻입니다. 예를 들어 아기를 목욕시키고 파우더를 뿌릴 때, 도넛을 튀겨 그 위에 설탕을 뿌릴 때 등에도 dust를 쓰면 됩니다. dust를 주로 명사로 쓰는 경우가 많은데 이렇게 다양한 쓰임을 익혀 다양한 상황에서 활용해 보세요.

★ **형식** 알면 문제 없다!

- dust의 첫 번째 의미인 '털어내다'의 의미로 쓸 때는 1) 목적어 없이 자동사로 쓰일 수도 있고 2) 목적어를 동반하여 타동사로 쓰일 수도 있습니다. 또한 3) **dust** sth/sb **off**나 **dust** sth/sb **down**과 같은 구동사 형태로도 쓰입니다.
- dust의 두 번째 의미인 '뿌리다'의 의미로 쓸 때에는 **dust** A **with** B의 형태로 쓰면 됩니다. 'A에 B를 뿌리다'라는 뜻이 됩니다.

예문을 통해 단어의 의미를 확인해 보세요.

- I wonder how long it had been since he **dusted** the blankets.
  그가 담요의 먼지를 털어낸 지 얼마나 됐는지 궁금해 죽겠군.
- Next, she **dusted** the meat well with salt and pepper.
  그 다음, 그녀는 고기에 소금과 후추를 고르게 뿌렸다.

대화문을 보면서 dust가 어떻게 사용되고 있는지 확인해 보세요.
봄맞이 대청소를 하자고 하는 엄마에게 앤디는 약속이 있다고 투정한다.

Mother	It's warm and sunny. It's spring cleaning time! You **dust** the house and I'll vacuum. And we need to shake out the rugs, scrub the windows, and wax the woodwork. There are so many things to do.
Andy	Come on! I have to meet my friends.
Mother	How can I clean the whole house by myself? Just delay it for a few hours. Hurry up! Here's the white powder! **Dust** it on the surface of the table and windows, and then wipe it away!
Andy	I need to call my friends first.

엄마	날이 따뜻하고 warm 화창하다 sunny. 봄맞이 대청소 할 때 spring cleaning time야! 너는 집의 먼지를 털어내. 나는 청소기를 돌릴게 vacuum. 그리고 양탄자 rugs도 털어내야 shake out 하고 창문도 닦고 scrub, 나무 가구 woodwork에 왁스 칠 wax도 해야 해. 할 일이 너무 많다.
앤디	제발이요! 저 친구들 만나야 해요.
엄마	이 집을 나 혼자 by myself 어떻게 청소하니? 약속을 몇 시간 for a few hours만 미뤄라 delay. 서둘러! 여기 가루 세제 white powder 있다! 탁자랑 창문 표면 surface에 뿌리고 닦아내 wipe it away!
앤디	먼저 친구들한테 전화부터 해야 돼요.

dust
털어내다
뿌리다

not과 함께라면 뜻이 달라져요~!

help

다음 두 문장을 보고 각 문장에 쓰인 help의 의미가 무엇인지 생각해 보세요.

- "Can I **help** you?" "No thanks, I'm just browsing."
- I couldn't **help** worrying about my father's wound.

★ **의미** 알면 실수 없다!

help는 여러분에게 아주 친숙한 단어죠? 그러나 help가 assist와 prevent의 의미를 같이 가지고 있는 단어라는 사실을 알고 계셨나요? 우리가 주로 많이 사용하는 뜻은 '~을 도와주다'인 assist의 의미입니다. 하지만 help는 '~을 막다, ~을 피하다'의 prevent의 의미로도 종종 쓰입니다. 이때에는 부정어 not과 함께 쓰여서 '어쩔 수 없다'라는 의미로 쓰이지요. 아래의 자세한 설명을 보면서 다시 한 번 help의 의미와 용법을 정리해 보세요.

★ **형식** 알면 문제 없다!

- help가 prevent의 의미로 쓰일 때에는 어떠한 형식이 될까요?
  help는 cannot과 함께 쓰여서 'cannot help+명사', 'cannot **help**+-ing' 또는 'cannot **help** but+동사원형'과 같은 형태로 '~하는 것을 피할 수 없다, ~을 어쩔 도리가 없다'라는 뜻이 됩니다.

예문을 통해 단어의 의미를 확인해 보세요.

- "Can I **help** you?" "No thanks, I'm just browsing."
  "도와드릴까요?" "아니오, 괜찮아요. 그냥 구경하고 있어요."
- I couldn't **help** worrying about my father's wound.
  나는 아버지의 부상을 걱정하지 않을 수 없었다.

대화문을 보면서 help가 어떻게 사용되고 있는지 확인해 보세요.

소현과 헨리가 다투는 것을 우연히 듣게 된 앤디가 소현에게 도움이 필요한지 묻고 있다.

Andy I don't mean to pry, but I couldn't **help** overhearing you and Henry argue yesterday. It seems like your relationship is in a bit of trouble. Is there anything I can do to **help**?

Sohyeon I don't know. We frequently argue.

Andy About what?

Sohyeon It's just small things. I think we are so different.

Andy Put yourself in the other side's position. It can be helpful.

앤디 엿들으려던mean to pry 것은 아니지만 어쩔 수 없이 너와 헨리가 어제 다투는argue 것을 우연히 들었어overhear. 둘 관계relationship에 약간 문제a bit of trouble가 있는 것 같은데. 내가 도와줄 것이라도 있니?
소현 나도 모르겠어. 우리 자주frequently 싸워.
앤디 뭐 때문에?
소현 그냥 사소한 일들small things이야. 우리는 너무 다른different 것 같아.
앤디 상대방 입장에서in the other side's position 생각해봐put yourself. 도움이 될 거야.

help
~을 돕다
막다, 피하다 (주로 부정어와 함께 '~을 어쩔 수 없다')

차단하거나 혹은 내놓거나

put out

다음 두 문장을 보고 각 문장에 쓰인 put out의 의미가 무엇인지 생각해 보세요.

- Smoking is not allowed here. Would you please **put out** your cigarette?
- These days many publishers **put out** books, magazines and newspapers in electronic format that is rendered exactly like the printed page.

★ **의미** 알면 실수 없다!

put out은 여러 가지 다양한 의미를 가지고 있는 구동사입니다. put out이 가진 여러 의미 가운데 정반대의 의미인 stop과 produce의 의미에 대해서 살펴볼까요? 우선 stop의 의미입니다. 화재가 났을 때 불을 끄는 것(extinguish), 전등을 끄는 것(turn off) 등은 모두 put out으로 쓸 수 있습니다. 반면 사람들이 듣거나 읽을 수 있는 정보 등을 생산, 발표하거나 책, 잡지, 신문 등을 출판, 발행할 때에도 put out을 쓸 수 있습니다. 이때에는 무엇인가 만들어낸다는 produce의 의미가 되겠죠?

★ **형식** 알면 문제 없다!

- put out의 형식을 살펴볼까요?
두 가지 의미 모두 목적어를 수반하게 되는데 목적어의 위치는 다음과 같습니다.
    put sth **out/put out** sth
주의할 점은 목적어가 대명사일 경우 항상 목적어는 put과 out의 가운데에 위치해야 한다는 것입니다. 즉 **put out** it이 아니라 **put** it **out**으로 써야 맞습니다.

예문을 통해 단어의 의미를 확인해 보세요.

- Smoking is not allowed here. Would you please **put out** your cigarette?
  이곳은 금연 구역입니다. 담배를 꺼주시겠어요?
- These days many publishers **put out** books, magazines and newspapers in electronic format that is rendered exactly like the printed page.
  요즘 많은 출판업자들이 책, 잡지, 신문을 인쇄물과 똑같이 표현된 전자 형태로 출판하고 있다.

대화문을 보면서 put out이 어떻게 사용되고 있는지 확인해 보세요.

소현이 회사의 새로운 제품 모델을 바이어에게 소개하는 프레젠테이션을 하고 있다.

Sohyeon Let me show you this new model we **put out** for this season.
buyer I'm really looking forward to it.
Sohyeon Kelly, would you please **put out** the light? It's so bright we can't see the screen well.
Kelly Sure.
Sohyeon Thank you. On the screen now, you can see our new product. This product is the best in terms of price and quality.

소현 이번 시즌에 우리가 발표할 새 모델을 보여드리겠습니다 let me show.
바이어 정말 기대되는군요 look forward to.
소현 켈리, 불 light 좀 꺼 주시겠어요? 너무 밝아서 bright 화면 screen이 잘 보이지 않네요.
켈리 네.
소현 고마워요. 지금 보시는 화면에 저희 신제품이 보이실 겁니다. 이 제품 product은 가격과 품질 quality 면에서 in terms of 최고입니다.

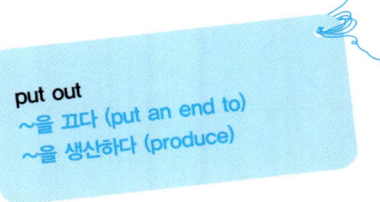

put out
~을 끄다 (put an end to)
~을 생산하다 (produce)

떠나는 것과 남겨두는 것
leave

다음 두 문장을 보고 각 문장에 쓰인 leave의 의미가 무엇인지 생각해 보세요.

- Go away and **leave** me alone!
- When are you **leaving**?

★ **의미** 알면 실수 없다!

leave는 활용 빈도가 높은 단어로서 depart from과 remain의 뜻을 모두 가지고 있습니다. 먼저 leave의 depart from의 뜻을 알아보겠습니다. '(~을) 떠나다'라는 의미로 어떤 장소를 벗어날 때뿐 아니라 학교나 직장을 그만두거나 누구와의 인연을 끊는다고 할 때에도 leave를 쓸 수 있습니다. 또한 떠나는 것이 아니라 remain, 즉 '남아 있다'는 의미로도 쓰이는데 사람이나 물건을 있던 그대로 내버려둔다는 의미와 위탁한다는 의미, 그리고 물건을 깜빡 놔두고 챙기지 않았을 때에도 leave를 쓸 수 있습니다.

★ **형식** 알면 문제 없다!

- leave는 자동사와 타동사로 모두 쓸 수 있습니다. 또한 명사로도 쓰이는데 maternity **leave**는 '출산 휴가', sick **leave**는 '병가', a sabbatical **leave**는 '안식년 휴가'를 의미합니다.

예문을 통해 단어의 의미를 확인해 보세요.

- Go away and **leave** me alone!
  나 좀 혼자 내버려두고 저리 가!
- When are you **leaving**?
  언제 떠나는데?

대화문을 보면서 leave가 어떻게 사용되고 있는지 확인해 보세요.
앤디가 Mr. Kim의 사무실에 전화를 한다. 하지만 비서가 전화를 받아 Mr. Kim이 자리에 없다고 한다.

Secretary　Hello.
Andy　Can I speak to Mr. Kim, please?
Secretary　He's just stepped out. Would you like to **leave** a message?
Andy　O.K. Can you tell him that I will **leave** next Monday, so I want to see him before **leaving**?
Secretary　Your name, please?
Andy　Andy.

비서　여보세요.
앤디　김 선생님과 통화할 수 있을까요?
비서　방금 나가셨습니다 step out. 메모 message 남기시겠어요?
앤디　네. 제가 다음 주 월요일에 떠날 거라고 전해주실래요? 그래서 떠나기 leave 전에 만나고 싶다구요.
비서　성함이 어떻게 되시죠?
앤디　앤디입니다.

leave
떠나다 (depart from)
남겨두다 (remain)

빌리든 빌려주든 렌트 하나면 끝!

rent

다음 두 문장을 보고 각 문장에 쓰인 rent의 의미가 무엇인지 생각해 보세요.

- How long can I **rent** the car for?
- The government has decided to crack down on landlords who **rent** houses to illegal immigrants.

★ **의미** 알면 실수 없다!

렌트카, 렌탈 서비스 등 렌트(rent)라는 단어는 많이 쓰이는 외래어입니다. 친숙한 단어라도 좀 더 정확한 의미와 용법을 알고 사용하는 것이 좋겠죠? rent는 '빌리다'와 '빌려주다'의 의미를 함께 가지고 있습니다. 집이나 차 등을 일정한 돈을 내고 빌리거나 빌려줄 때 모두 rent를 쓸 수 있는 것이죠. 주의할 점은 빌리거나 빌려주는 대상을 언급할 때에는 전치사를 달리 써야 한다는 것입니다. 참고로 rent는 명사로도 쓰이는데 이때는 '사용료'나 '임대료'를 뜻합니다.

★ **형식** 알면 문제 없다!

- 빌리거나 빌려주는 대상에 따라 어떤 전치사를 써야 할까요?
  '빌리다'라고 할 때에는 from을 붙여서 누구로부터 빌리는지를 나타내고, '빌려주다'라고 할 때에는 to를 써서 누구한테 빌려주는지를 표현합니다.
  rent A from B   B에게서 A를 빌리다
  rent A to B   A를 B에게 빌려주다

예문을 통해 단어의 의미를 확인해 보세요.

- How long can I **rent** the car for?
  얼마 동안 차를 빌릴 수 있습니까?
- The government has decided to crack down on landlords who **rent** houses to illegal immigrants.
  정부는 불법 이민자들에게 집을 임대해주는 집주인들을 단속하기로 결정했다.

대화문을 보면서 rent가 어떻게 사용되고 있는지 확인해 보세요.
DVD 가게에 간 소현. 무엇을 볼까 고민하다가 한국영화 한 편을 골랐다.

Sohyeon   I'd like to **rent** this DVD.
Clerk   Please show me your membership card.
Sohyeon   I don't have it. Do I need one?
Clerk   Yes. We can't **rent** it to you if you don't have one.
Sohyeon   What do I need to get one?
Clerk   All you have to do is fill out this application form.

소현   이 DVD 대여하고 싶은데요.
점원   회원 카드membership card를 보여주세요.
소현   없는데요. 필요한가요?
점원   네, 카드가 없으면 대여해 드릴 수 없습니다.
소현   발급 받으려면get 뭐가 필요하죠need?
점원   이 신청서application form만 작성해fill out 주시면 됩니다.

rent
빌리다 (borrow)
빌려주다 (lend)

반대의 뜻으로 다양하게 쓰이는 어휘

잘 보면 보인다고!

overlook

다음 두 문장을 보고 각 문장에 쓰인 overlook의 의미가 무엇인지 생각해 보세요.

- He **overlooked** my mistake.
- They **overlooked** the contract before the meeting.

★ **의미** 알면 실수 없다!

overlook은 over와 look의 의미가 결합하여 '~을 내려다보다'라는 의미를 갖습니다. 그러나 이외에도 두 가지 정반대의 의미를 갖는데 그 중 하나는 ignore의 의미로서 누군가의 잘못이나 실수 등을 알아차리지 못하거나 알면서도 모르는 척 넘어간다는 뜻입니다. 또 다른 하나는 inspect의 의미로 '~을 조사하다, 훑어보다, 감독하다'의 뜻입니다. 이와 비슷한 의미를 가진 oversight도 역시 '간과, 누락'의 의미와 '감독, 단속'의 의미를 함께 가지고 있으며 명사로 쓰입니다.

★ **형식** 알면 문제 없다!

- overlook이 '~을 눈감아주다, 넘어가다'의 뜻으로 쓰일 때에는 대개 부정적인 뜻을 가진 단어들과 함께 쓰입니다. 예를 들어 **overlook** one's mistake/fault/bad behaviour 등 '실수/잘못/나쁜 행동을 눈감아주다'와 같이 쓰면 됩니다.

예문을 통해 단어의 의미를 확인해 보세요.

- He **overlooked** my mistake.
  그는 내 실수를 눈감아 주었다.
- They **overlooked** the contract before the meeting.
  그들은 회의 전에 그 계약서를 훑어보았다.

대화문을 보면서 overlook이 어떻게 사용되고 있는지 확인해 보세요.
상사가 소현에게 근로자들을 감독할 때 주의해야할 사항에 대해 이야기하고 있다.

Boss   When you **overlook** workers, you should be careful that they keep their safety code.

Sohyeon   I'll keep that in mind. I'll try not to **overlook** even small things.

Boss   A minor thing we sometimes **overlook** can get us in big trouble.

Sohyeon   I know.

상사   근로자들worker을 감독할 때 그들이 안전수칙safety code을 지키는지keep 주의해야 합니다.
소현   명심하겠습니다 keep in mind. 작은 것들 small things도 그냥 넘어가지 않도록 할게요.
상사   가끔 sometimes 사소한 minor 것들을 그냥 넘겨서 큰 어려움 trouble에 처하기도 하지요.
소현   알고 있습니다.

overlook
알아차리지 못하다, 모르는 척하다 (ignore)
조사하다, 감독하다 (inspect)

하이픈(-)이 있고 없고?

recover

다음 두 문장을 보고 각 문장에 쓰인 recover의 의미가 무엇인지 생각해 보세요.

- Give the contents a stir and then **re-cover** the pot while you prepare the sauce.
- This software is designed to **recover** lost files such as video, documents, and lost pictures from a digital camera's memory.

★ **의미** 알면 실수 없다!

recover는 반복을 뜻하는 접두사 re-와 '덮다'라는 의미의 cover가 결합된 단어입니다. 따라서 '~을 다시 덮다'라는 의미로 쓰이는데 이때에는 단어 중간에 하이픈을 써서 re-cover로 씁니다. 그러나 이외에도 잃어버린 것을 '되찾다, 회복하다'라는 의미로 쓰이는데 되찾는 대상은 건강, 잃어버린 물건, 법적 소유권에 이르기까지 매우 다양하게 표현할 수 있습니다. 첫 번째 언급한 의미가 이미 있는 것을 다른 것으로 덮어 숨기는 것이라면 두 번째 의미는 원래 있던 모습으로 돌아가는 것이므로 상황에 적절하게 사용해야 합니다.

★ **형식** 알면 문제 없다!
- recover는 자동사로 쓰일 수도 있고 타동사로 쓰일 수도 있습니다.
- 병환이나 어려운 상황, 나쁜 경험에서 벗어나 극복한다는 의미로 쓰일 때에는 전치사 from을 써서 **recover from** sth이라고 쓰면 됩니다.
- 잃어버린 물건이나 도난당한 물건, 돈 등을 되찾는다는 의미로 쓰일 때에는 **recover** sth **from** sb/sth의 형태로 쓰면 됩니다.

예문을 통해 단어의 의미를 확인해 보세요.

- Give the contents a stir and then **re-cover** the pot while you prepare the sauce.
  내용물을 섞은 후에 소스를 준비하는 동안 냄비 뚜껑을 다시 덮으세요.
- This software is designed to **recover** lost files such as video, documents, and lost pictures from a digital camera's memory.
  이 소프트웨어는 비디오, 문서 같은 손실된 파일과 디지털 카메라의 메모리에서 삭제된 사진들을 복구할 수 있도록 설계되어 있습니다.

대화문을 보면서 recover가 어떻게 사용되고 있는지 확인해 보세요.
소현의 어머니가 아프다는 이야기를 듣고 앤디가 소현에게 어머니의 상태가 어떤지 묻는다.

Andy   How's your mother?

Sohyeon   She's gradually **recovering** from the illness. I **re-covered** the bedside lamps and other items with bright colored fabric in her room for a change.

Andy   That's good.

Sohyeon   I think so, too.

앤디   어머니는 좀 어떠셔?
소현   점점gradually 병illness에서 회복하고 계셔. 기분 전환하시라고 for a change 어머니 방에 있는 침대 등 bedside lamp과 다른 물건들 item을 밝은 색 bright colored 천 fabric으로 다시 씌웠어.
앤디   잘했다.
소현   나도 그렇게 생각해.

recover
다시 덮다
되찾다

반대의 뜻으로 다양하게 쓰이는 어휘

'어떻게' 보는지가 관건

scan

다음 두 문장을 보고 각 문장에 쓰인 scan의 의미가 무엇인지 생각해 보세요.

- I quickly **scanned** them before solving the math questions in the exam papers.
- The police **scanned** the car for the suspect.

★ **의미** 알면 실수 없다!

요즘에는 스캐너가 보편화되어 문서나 이미지를 쉽게 복사하여 컴퓨터에 저장할 수도 있고 집에서 사진을 직접 뽑을 수도 있습니다. 스캐너는 scan이라는 단어에서 나온 단어인데요, 기본적으로 무언가를 살펴본다는 의미를 가진 단어로 동사와 명사로 쓰입니다. 그러나 '어떻게' 살펴보는지에 따라 정반대의 의미가 됩니다. 즉 무언가를 찾기 위해 어떠한 장소나 어떠한 사람을 주의 깊고 꼼꼼하게 살펴본다는 의미와 특정 정보를 찾기 위해 문서를 빨리 대충 훑어본다는 두 가지 의미를 함께 가지고 있는 단어입니다.

★ **형식** 알면 문제 없다!

- 원하는 정보나 사람을 찾아 무엇인가를 살펴본다면 **scan** A **for** B의 형태로 써서 'B를 찾아 A를 살펴보다'의 의미를 나타낼 수 있습니다.
- scan을 명사로 쓸 때에는 have를 이용하여 have a **scan**이라고 쓰면 됩니다.

예문을 통해 단어의 의미를 확인해 보세요.

- I quickly **scanned** them before solving the math questions in the exam papers.
  나는 수학 문제를 풀기 전에 시험지를 빨리 훑어보았다.
- The police **scanned** the car for the suspect.
  경찰은 용의자를 찾아 그 차를 자세히 조사하였다.

대화문을 보면서 scan이 어떻게 사용되고 있는지 확인해 보세요.
앤디가 신문을 보고 있다. 이 때 소현이 다가와 뭐 하냐고 묻는다.

Sohyeon   What are you doing?

Andy   I'm just **scanning** the newspaper for a want ad. Do you need it?

Sohyeon   No. I'll have it after you've finished with it. It'll take time for me to **scan** it because I have to write a term paper about social issues.

Andy   I'm done with it. You can take it now. There's nothing special in it for me.

소현   너 뭐 하고 있니?
앤디   그냥 구인 광고want ad 좀 보려고 신문을 훑어보고 있어. 신문 필요해?
소현   아니. 너 다 보면finish with it 내가 볼게have it. 사회 문제social issue에 대한 학기말 보고서term paper를 써야 해서 살펴보려면 시간이 걸릴take time 거야.
앤디   다 봤어be done with it. 이제 가져가도take 돼. 별로 특별한special 것이 없네.

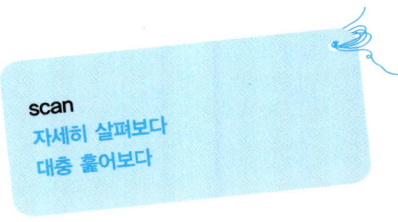

scan
자세히 살펴보다
대충 훑어보다

반대의 뜻으로 다양하게 쓰이는 어휘

바꾸거나 원위치 시키거나

replace

다음 두 문장을 보고 각 문장에 쓰인 replace의 의미가 무엇인지 생각해 보세요.

- Please **replace** the books and DVDs when you're finished.
- We can't find the right person to **replace** her.

★ **의미** 알면 실수 없다!

　replace는 take away와 put back의 의미를 함께 가지고 있는 단어입니다. 즉 '~을 떼어내어 교체하다'라는 의미와 '~을 원래 있던 위치에 도로 갖다놓다'는 의미를 함께 가지고 있습니다. 두 번째 의미는 '~을 어떠한 위치에 놓다'라는 의미인 place에 반복을 뜻하는 접두사 re-가 결합된 것으로 생각하면 이해가 빠를 것입니다. 대부분의 사람들이 replace를 '대신하다, 교체하다'의 의미로만 알고 있으나 그밖의 의미를 알아두면 다양하게 활용할 수 있겠죠?

★ **형식** 알면 문제 없다!

- replace는 어떠한 전치사와 함께 쓰면 좋을까요?
　'~을 …와 교체하다'라고 쓰고 싶을 때에는 전치사 by나 with를 활용해서 어떤 것으로 교체할지 그 대상을 쓰면 됩니다.

예문을 통해 단어의 의미를 확인해 보세요.

- Please **replace** the books and DVDs when you're finished.
  보신 책과 DVD는 제자리에 다시 꽂아 주세요.
- We can't find the right person to **replace** her.
  우리는 그녀를 대신할 적임자를 찾을 수 없다.

대화문을 보면서 replace가 어떻게 사용되고 있는지 확인해 보세요.

DVD 플레이어가 고장이 나서 서비스 센터에 맡기려고 하는 앤디의 엄마. 서비스 센터 전화번호가 어디 있는지 찾고 있다.

Mother   The DVD player has not worked since this morning. I need to call the service center. Where is the phone book?

Andy   It's on the bookshelf. What about **replacing** it with a new one? We've been using it for a long time!

Mother   Here, I got the number! Can you stop complaining and **replace** this for me, please?

엄마   DVD 플레이어가 오늘 아침부터 작동work이 안 되더라. 서비스 센터에 전화해야 해. 전화번호부 phone book가 어디 있지?

앤디   책꽂이 bookshelf에 있어요. 그거 새 것으로 교체하는 게 어때요? 사용한 지도 오래 for a long time 되었잖아요!

엄마   여기, 번호 찾았다 get the number! 불평 complain 그만하고 이거 제자리에 가져다 놓을래?

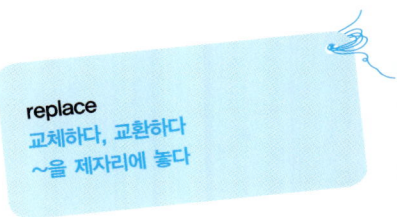

replace
교체하다, 교환하다
~을 제자리에 놓다

반대의 뜻으로 다양하게 쓰이는 어휘

뿌리를 박거나 아니면 뿌리째 뽑거나

root

다음 두 문장을 보고 각 문장에 쓰인 root의 의미가 무엇인지 생각해 보세요.

- The government sends inspectors to **root** out unreasonable school fees.
- He had a deep-**rooted** prejudice against women in positions of power.

★ **의미** 알면 실수 없다!

root는 명사로 식물의 '뿌리'나 사물의 '근본, 근원'을 의미합니다. 그래서 감자나 당근과 같이 땅속에서 자라는 채소들을 root vegetable이라고 하지요. 그러나 동사로 쓰면 '~을 뿌리박게 하다' 혹은 '~을 깊이 심다'라는 establish의 의미와 그와는 반대로 '~을 뿌리째 뽑다' 혹은 '~을 근절시키다'라는 remove entirely out의 의미를 갖습니다. 문맥이나 함께 쓰이는 전치사를 보고 어떠한 의미로 쓰인 것인지 쉽게 파악할 수 있습니다.

★ **형식** 알면 문제 없다!

- be **rooted** in something : '(원인이) ~에서 기인하다, ~에 강한 영향을 받다'라는 뜻입니다. root의 기본 의미가 '근원'이라는 뜻인 것을 보면 왜 이러한 의미가 되었는지 쉽게 이해가 될 것입니다.
- deep-**rooted** : 어떤 습관, 믿음, 사상 등이 '깊게 뿌리박혀' 있어서 변화가 어렵다고 할 때.
- root가 '~을 뿌리째 뽑다' 혹은 '~을 근절시키다'라는 의미로 쓰일 때에는 out이나 up과 같은 부사와 함께 **root** out이나 **root** up의 형태로 쓰입니다.

예문을 통해 단어의 의미를 확인해 보세요.

- The government sends inspectors to **root** out unreasonable school fees.
  정부는 부당한 수업료를 철폐하기 위해 감사관을 파견한다.
- He had a deep-**rooted** prejudice against women in positions of power.
  그는 권력을 가진 여성에 대해 뿌리 깊은 편견을 가지고 있었다.

대화문을 보면서 root가 어떻게 사용되고 있는지 확인해 보세요.

소현과 앤디가 새 정부의 방침에 대해 진지하게 대화를 나누고 있다.

Sohyeon Have you heard that the new government will aim to **root** out corruption?
Andy Yes. But the attitude of distrust is deeply **rooted** in people. So, I don't think it will work.
Sohyeon Can we just believe them one more time? We have nothing to lose.
Andy Well, I don't know!

소현 새 정부가 government 부패 corruption를 뿌리째 뽑는 것을 목표로 한다 aim to는 뉴스 들었어?
앤디 응. 하지만 불신 distrust의 태도가 attitude 이미 사람들에게 깊이 deeply 뿌리 박혀 있어. 그래서 별로 효과가 있을 work 것 같지 않아.
소현 그냥 한 번만 더 one more time 믿어 볼까? 잃을 것도 없잖아.
앤디 글쎄, 잘 모르겠다!

root
뿌리박다 (establish)
뿌리째 뽑다 (remove entirely out)

반대의 뜻으로 다양하게 쓰이는 어휘

염려 붙들어 매세요!

anxious

다음 두 문장을 보고 각 문장에 쓰인 anxious의 의미가 무엇인지 생각해 보세요.

- I have to go away for two nights next week and leave my kids. It is making me so **anxious**.
- We as fans are **anxious** to get this season started soon.

★ **의미** 알면 실수 없다!

anxious는 형용사로 어떠한 위험이나 불행이 닥칠 것을 두려워한다는 의미를 포함하고 있습니다. 또한 anxious에는 무엇인가를 몹시 하고 싶어하고 열망한다는 정반대의 의미도 있습니다. 이러한 의미는 eager나 look forward to와 비슷한데 차이점이라면, anxious의 경우 무엇인가를 강하게 기대하여 그것이 좌절될 것에 대한 두려움을 가지고 있다는 뉘앙스입니다.

★ **형식** 알면 문제 없다!

- anxious가 '걱정스럽다, 염려되다'라는 의미로 쓰일 때에는 다음과 같이 걱정스러운 대상을 about이나 for를 이용해서 표현하면 됩니다.
    anxious about sth/**for** sb/**that**...
- 걱정스러운 모습/얼굴/표정/눈빛 등과 같은 표현은 anxious를 이용하여 **anxious** look/face/expression/eyes와 같이 활용할 수 있습니다.
- anxious가 열망한다는 의미로 쓰일 때에는 다음과 같은 형식으로 쓰면 됩니다.
    anxious to do sth/**for** sth/**that**...

예문을 통해 단어의 의미를 확인해 보세요.

- I have to go away for two nights next week and leave my kids. It is making me so **anxious**.
  나는 다음 주에 나가서 이틀 밤이나 아이들을 떠나 있어야 해. 그것이 나를 너무 불안하게 하고 있어.
- We as fans are **anxious** to get this season started soon.
  팬으로서 우리는 이번 시즌이 빨리 시작하기를 몹시 기대하고 있다.

대화문을 보면서 anxious가 어떻게 사용되고 있는지 확인해 보세요.
새로 직장을 옮기려고 면접을 본 앤디. 면접이 어땠는지 소현이 앤디에게 묻는다.

Sohyeon How was your job interview?

Andy I'm very **anxious** about the result.

Sohyeon They were hard on you?

Andy That company is notorious for its difficult job interviews. I was **anxious** to make a good impression, but I was too nervous to get my point of view across to them.

Sohyeon Best of luck.

소현 면접job interview 어땠어?
앤디 결과result가 매우 걱정돼.
소현 면접관들이 심하게 굴었어hard on you?
앤디 그 회사가 취업 면접 어렵기로 악명 높잖아notorious. 좋은 인상impression으로 보이려고 애썼지만, 너무 긴장해서nervous 내 생각point of view을 그들에게 제대로 전달하지get across 못했어.
소현 행운을 빌어.

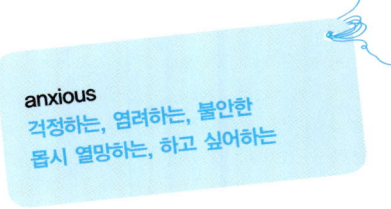

anxious
걱정하는, 염려하는, 불안한
몹시 열망하는, 하고 싶어하는

awful의 변신은 무죄~!!

awful

다음 세 문장을 보고 각 문장에 쓰인 awful의 의미가 무엇인지 생각해 보세요.

- I had high expectations because it won an award. But the movie was **awful**.
- I feel **awful** because I was caught in the rain.
- I had to work really hard because I need an **awful** lot of money to pay for my college tuition.

★ **의미** 알면 실수 없다!

awful은 부정적인 뉘앙스를 가지고 있는 단어로서 끔찍하고 무서운 일을 묘사할 때, 충격적이거나 지독히 싫은 것을 이야기할 때, 기분이 안 좋거나 몸 상태가 안 좋을 때 주로 쓰입니다. 그러나 이러한 뜻과는 반대로 장엄하거나 경건하다는 의미를 갖고 있기도 합니다. 또한 형용사나 명사 앞에서 그 정도를 강조하는 의미로 '매우, 대단히'라는 뜻도 있습니다. 이러한 의미들 중 awful은 주로 부정적인 의미와 강조의 의미로 많이 쓰입니다.

★ **형식** 알면 문제 없다!

- look/feel **awful**에서 awful은 '아픈, 몸이 안 좋은'이라는 뜻입니다.
- **an awful lot of** people/money/time에서 awful은 강조의 의미로 쓰인 것입니다. 따라서 '사람/돈/시간이 많다'는 것을 강조하는 것이 됩니다.

예문을 통해 단어의 의미를 확인해 보세요.

- I had high expectations because it won an award. But the movie was **awful**.
  상을 받은 영화여서 기대를 많이 했었다. 하지만 그 영화는 형편없었다.
- I feel **awful** because I was caught in the rain.
  비를 맞았더니 몸이 안 좋다.
- I had to work really hard because I need an **awful** lot of money to pay for my college tuition.
  대학 등록금을 내기 위해 엄청 많은 돈이 필요해서 나는 아주 열심히 일해야 했다.

대화문을 보면서 awful이 어떻게 사용되고 있는지 확인해 보세요.
인터넷에 사진을 올린 이후로 많은 이메일을 받고 있는 소현. 악성 댓글 때문에 속상해하고 있다.

Sohyeon   I get an **awful** lot of e-mail these days since I posted my pictures on the Internet.
Andy   What about?
Sohyeon   Some of it is fan mail, and others are simply vicious responses. Sometimes it is too **awful** to read.
Andy   How **awful**!
Sohyeon   Many people don't care about others' privacy or feelings.

소현   내 사진들을 인터넷에 올린post 이후로 요즘 아주 많은 이메일이 와.
앤디   무슨 메일?
소현   일부는 팬 메일이고 일부는 악성vicious 댓글들response이야. 가끔씩 읽기가 너무 끔찍해.
앤디   끔찍하기도 하겠다!
소현   다른 사람의 사생활privacy이나 감정feeling을 아무렇지 않게 생각하는 don't care about 사람들이 많아.

awful
끔찍한, 형편없는 (terrible, unpleasant)
장엄한, 경건한 (impressive)
매우, 대단히(강조) (very)

미치도록 좋다고!

mad

다음 두 문장을 보고 각 문장에 쓰인 mad의 의미가 무엇인지 생각해 보세요.

- I am **mad** about football. But my wife is not a footfall fan like me.
- She's **mad** because of what he said.

★ **의미** 알면 실수 없다!

mad 하면 가장 먼저 떠오르는 뜻이 '미친, 실성한'일 것입니다. 그러나 너무 화가 나거나 격분한 상태를 이야기할 때에도 mad를 쓸 수 있습니다. 이외에도 '~에 열광한, ~에 빠져 있는'이라는 뜻으로 많이 쓰입니다. 특별한 취미에 열중해 있을 때, 특정 현상에 푹 빠져 있을 때, 혹은 남녀 사이에 반했다고 할 때에도 mad를 쓸 수 있습니다. 이것은 우리말로 '~에 미쳐 있다'고 할 때에는 실성했다는 의미가 아닌 '~에 몰두해 있다'는 의미가 되는 것과 흡사합니다.

★ **형식** 알면 문제 없다!

- '광우병'은 영어로 **mad** cow disease라고 합니다.
- '~에 화가 나다'라는 뜻으로 쓰려면 **mad at** sb/**with** sb/**about** sth과 같이 쓰면 됩니다.
- '~에 빠져 있다, 미쳐 있다'라고 할 때에는 **mad about/for/on** sb or sth과 같이 써보세요.

예문을 통해 단어의 의미를 확인해 보세요.

- I am **mad** about football. But my wife is not a football fan like me.
  나는 축구에 미쳐 있다. 하지만 내 아내는 나 같은 축구 팬이 아니다.
- She's **mad** because of what he said.
  그녀는 그가 한 말 때문에 화가 나 있다.

대화문을 보면서 mad가 어떻게 사용되고 있는지 확인해 보세요.
앤디는 조금 과하게 쇼핑을 한 아내에게 단단히 화가 나 있다.

Wife   Are you just **mad** at me because I bought some clothes?
Andy   Some clothes? I think you bought a lot of clothes!
Wife   But they were not that expensive!
Andy   I'm not talking about the price, but rather I'd say you are **mad** about shopping. You're always buying things for a couple of months. Do you think I'm a millionaire?
Wife   Stop it. Let's stop this time-consuming argument.
Andy   You are driving me **mad**!

아내   내가 옷clothes 좀 샀다고 화내는 거예요?
앤디   옷 좀이라고? 많이 산 것 같은데!
아내   하지만 그렇게 비싼expensive 것들도 아니었잖아요!
앤디   가격price에 대해 이야기하는 게 아니라 당신이 쇼핑에 미쳐 있는 것 같다는 말이야. 몇 달 동안for a couple of months 계속 물건들을 사고 있잖아. 내가 백만장자millionaire로 보여?
아내   그만 해요. 시간 낭비하는time-consuming 논쟁argument은 그만두자고요.
앤디   당신 때문에 미치겠어drive me mad!

mad
화난, 격분한 (angry)
~에 빠져 있는, 열광하는 (passionate)

쿨한 것이 좋은 것만은 아니야!

cool

다음 두 문장을 보고 각 문장에 쓰인 cool의 의미가 무엇인지 생각해 보세요.

- "I just got a new car." "**Cool**."
- New movies are getting **cool** receptions by the critics.

★ **외미** 알면 실수 없다!

'쿨하다'라는 단어는 젊은 사람들 사이에서 많이 쓰이기 때문에 cool이 우리에게 그리 낯선 단어는 아닌 것 같습니다. cool의 본래 의미는 '시원한, 서늘한' 등 날씨나 온도 따위를 말할 때 쓰입니다. 그러나 이 의미에서 더 확장되어 냉담하거나 무관심하다는 의미로 부정적인 뉘앙스를 풍기기도 합니다. 반면 cool이 완전히 긍정하는 의미로 사용되는 경우가 있는데 우리가 '쿨하다'라고 하는 것이 바로 이러한 의미입니다. 즉 '멋진, 좋은, 훌륭한'의 뜻입니다. 그리고 상대방의 말에 긍정적인 동의를 나타낼 때에도 쓰입니다.

★ **형식** 알면 문제 없다!

- '냉정(침착함)을 유지하다'라는 표현으로는 keep/remain/stay cool 등이 있습니다.
- '냉담한 반응/대접/모습'은 a **cool** response/reception/look이라고 하면 됩니다.
- 상대방의 제안이나 의견에 동의할 때, Yes.나 Right.이라고만 하지 말고, **Cool!** 또는 That's **cool!**이라는 표현을 써 보는 것은 어떨까요?

예문을 통해 단어의 의미를 확인해 보세요.

- "I just got a new car." "**Cool**."
  "나 새 차 뽑았어." "멋지다."
- New movies are getting **cool** receptions by the critics.
  새 영화들이 비평가들로부터 냉대를 받고 있다.

대화문을 보면서 cool이 어떻게 사용되고 있는지 확인해 보세요.
소현이 회사에서 있었던 일에 대해 앤디와 수다를 떨고 있다.

Sohyeon I have to think better of my boss.
Andy Really? You're always saying that he has a bad temper.
Sohyeon I know. But yesterday there was a big accident and nobody knew what to do. But my boss kept a **cool** head in that situation and coped with it. I'd say he was **cool**!
Andy In an emergency it's important to keep a **cool** head — easier said than done.
Sohyeon That's what I say.

소현 나 우리 사장님boss 다시 봤어think better of.
앤디 정말? 너 항상 사장이 성미가 고약하다고 have a bad temper고 말했잖아.
소현 알아. 하지만 어제 큰 사고accident가 있었는데 아무도 어찌할 바what to do를 몰랐어. 그런데 우리 사장님이 그 상황situation에서 냉정하게 대처하시고 keep a cool head 잘 처리하시더라고 cope with. 정말 멋졌던 것 같아.
앤디 비상시emergency에 침착성을 유지하는 keep a cool head 게 중요하지. 말하기는 쉬워도 행동하기 어려운데 easier said than done.
소현 내 말이 그 말이야.

cool
차가운, 무관심한 (unfriendly)
멋진, 훌륭한 (excellent)

갈 수도 없고 안 갈 수도 없고

fast

다음 두 문장을 보고 각 문장에 쓰인 fast의 의미가 무엇인지 생각해 보세요.

- Our heart speed goes up when driving **fast**.
- Make sure the windows and doors are all closed **fast** before you go out.

★ **의미** 알면 실수 없다!

우리가 흔히 쓰는 fast의 의미는 '빠른, 신속한' 정도일 것입니다. 여기에는 움직임의 의미가 전제되어 있음을 알 수 있습니다. 그러나 fast에 이와는 정반대의 의미가 있다는 것을 알고 계셨나요? 무엇인가 단단히 고정되어 있을 때에도 fast를 사용할 수 있습니다. 이때에는 움직이지 못함을 전제하는 것이므로 처음에 언급한 의미와는 상반되는 쓰임이라 할 수 있겠습니다. fast가 어떠한 문맥에서 쓰였는지 잘 파악하여 문장을 잘못 이해하는 경우가 없도록 하세요.

★ **형식** 알면 문제 없다!

- fast는 다음과 같은 표현으로 활용할 수 있습니다. '빠른, 신속한'의 의미는 모두에게 익숙할 테니 이번에는 그와 정반대의 의미로 쓰인 경우를 살펴볼까요?
    be held/stuck **fast** 단단히 고정되다
    hold **fast** to sth (어려운 상황에서도) ~을 고수하다
    stand **fast** 물러서지 않고 버티다, (의견 등을) 고수하다

예문을 통해 단어의 의미를 확인해 보세요.

- Our heart speed goes up when driving **fast**.
  운전 속도가 빨라지면 우리의 심장 박동수도 올라간다.
- Make sure the windows and doors are all closed **fast** before you go out.
  외출하기 전에 창문과 문이 단단히 잠겼는지 확인해라.

대화문을 보면서 fast가 어떻게 사용되고 있는지 확인해 보세요.
차를 운전하고 가다가 곤란한 일을 겪은 앤디가 소현에게 당시 상황에 대해 이야기하고 있다.

Andy   My car was stuck **fast** in the mud on the way back home last weekend.

Sohyeon   So what did you do?

Andy   It was a bit scary; there was almost no one around at that time. But fortunately I was rescued really **fast**. Luckily a car came along and helped me out of the mud by giving me a tow.

Sohyeon   What a relief!

앤디   지난 주말에 집으로 돌아오는 길에|on the way back home 내 차가 진창|mud에 빠져서 꼼짝 못했어|be stuck.
소현   그래서 어떻게 했어?
앤디   약간 무서웠어|scary. 그 시간에|at that time 주변에는|around 거의 아무도 없었거든. 그런데 다행히|fortunately 정말 빨리 구출되었지|be rescued. 운 좋게|luckily 차 한 대가 와서|come along 진창에서 빠져 나오도록|out of the mud 차를 끌어 주었어|give me a tow.
소현   정말 다행|relief이다!

fast
빨리, 신속하게 (quickly)
고정된, 쉽게 움직이지 않는 (fixed)

전후관계를 잘 알아야지!

last

다음 두 문장을 보고 각 문장에 쓰인 last의 의미가 무엇인지 생각해 보세요.

- The **last** bus has gone! We need to catch a taxi.
- What did you do **last** weekend?

★ **의미** 알면 실수 없다!

last는 final과 prior의 의미를 함께 가지고 있습니다. 즉 '최후의, 마지막의, 맨 끝의'라는 의미와 현재에서 가장 가까운 과거를 가리켜 '바로 전의, 지난, 앞선'의 의미가 모두 담겨 있는 것입니다. 또한 last가 '최후의, 마지막의' 등을 뜻하므로 강조의 용법으로 '가장 ~하지 않을 것 같은'의 뜻으로도 쓰입니다. 예를 들어 She is the last person I want to meet.이라고 한다면 '그녀는 내가 만나고 싶은 가장 마지막 사람이다.'라는 뜻이 되겠죠? 다시 말하면 '그녀는 가장 만나고 싶지 않은 사람이다.'라는 뜻이 되는 것입니다.

★ **형식** 알면 문제 없다!

- first and **last**라고 하면 처음과 끝을 모두 아우르는 것을 말하므로 '전부, 통틀어'라는 의미가 되고 at **last**는 '드디어, 마침내'라는 뜻이 됩니다.
- last와 때를 나타내는 표현이 함께 나올 경우에는 **last** Monday, **last** night 등에서처럼 전치사나 관사 없이 씀에 주의해야 합니다.

예문을 통해 단어의 의미를 확인해 보세요.

- The **last** bus has gone! We need to catch a taxi.
  막차가 갔어! 우리 택시 잡아야겠다.
- What did you do **last** weekend?
  너 지난 주말에 뭐 했어?

대화문을 보면서 last가 어떻게 사용되고 있는지 확인해 보세요.

지난주 일요일에 드라이클리닝을 맡긴 소현이 옷을 찾으러 세탁소에 왔다.

Sohyeon   I'm here to pick up my dry cleaning. The one I dropped off **last** Sunday.
Launderer What's your name?
Sohyeon   I'm Sohyeon.
Launderer Sorry, we have two Sohyeon. What's your **last** name?
Sohyeon   Oh, it's Kim.
Launderer Here you are.
Sohyeon   How much do I owe you?

소현   드라이클리닝 맡긴 거 찾으러 pick up 왔는데요. 지난주 일요일에 맡긴 drop off 거예요.
세탁소 주인 성함이 어떻게 되시죠?
소현   소현이요.
세탁소 주인 죄송합니다만 소현이라는 분이 두 분이시네요. 성 last name이 어떻게 되시죠?
소현   아, 김이에요.
세탁소 주인 여기 있습니다.
소현   얼마예요?

last
마지막의 (final)
요전의 (prior)

꾸준한 연습으로 최대한 자연스럽게!

practiced

다음 두 문장을 보고 각 문장에 쓰인 practiced의 의미가 무엇인지 생각해 보세요.

- To my questions, he smiled his **practiced** smile.
- She is **practiced** in web designing.

★ **의미** 알면 실수 없다!

Practice makes perfect.라는 말에서도 알 수 있듯이 꾸준한 연습과 노력으로 완벽에 이를 수 있다는 사실 모두 알고 계시겠죠? 여기에서 practice는 무엇인가를 습관적으로 하는 것을 말합니다. 형용사 practiced는 경험으로 숙련되거나 자연스러워진 상태를 말합니다. 그러나 동시에 반어적으로 부자연스럽거나 꾸민 티가 나는 모습을 이야기할 때에도 practiced를 쓸 수 있습니다. 대화 상황에서는 말하는 뉘앙스나 문맥에 따라 의미를 구별할 수 있습니다.

★ **형식** 알면 문제 없다!

- be **practiced** in sth은 '~에 숙달되어 있다, ~에 능숙하다'라는 뜻입니다. 이것은 끊임없는 반복과 연습으로 그런 경지에 도달했다는 의미가 담겨 있습니다.
- **practiced** skill/speaker/driver 노련한 기술/화자/운전자
- a practiced hand는 '능숙한 사람'을 뜻하고, with a **practiced** hand라고 하면 '익숙한 솜씨로'라는 뜻입니다.

예문을 통해 단어의 의미를 확인해 보세요.

- To my questions, he smiled his **practiced** smile.
  나의 질문에 그는 억지스러운 웃음을 지었다.
- She is **practiced** in web designing.
  그녀는 웹 디자인에 경험이 풍부하다.

대화문을 보면서 practiced가 어떻게 사용되고 있는지 확인해 보세요.
새로 들어온 상담원이 마음에 들지 않는 소현이 앤디에게 투덜거리고 있다.

Sohyeon   At first, I thought he was an experienced and **practiced** counselor because the manager told me that he's been working for many years in that field.

Andy   But you don't think so now?

Sohyeon   Absolutely not. His skill dealing with people and their problems is unnatural. Especially, I can't stand his **practiced** smile in front of the customers. And sometimes he appears nervous.

Andy   Perhaps he got the job because of his connection to the manager.

Sohyeon   Maybe.

소현   처음에는 at first 그가 경험 있고 experienced 숙련된 상담원 counselor 인 줄 알았어. 왜냐하면 관리자가 나한테 말하기를 그가 이 분야 field 에서 수 년 동안 일해왔다고 했거든.
앤디   그런데 지금은 그렇게 생각 안 해?
소현   절대 absolutely 아니야. 사람들과 그들의 문제를 다루는 deal with 기술 skill 이 자연스럽지 않아 unnatural. 특히 고객들 앞에서 in front of 그의 꾸민 듯한 미소는 참을 stand 수가 없어. 그리고 가끔은 긴장한 것 같아 보인다니까 appear nervous.
앤디   아마 관리자와 연줄 connection 이 있어서 취직할 get the job 수 있었나 보다.
소현   아마도.

practiced
경험이 풍부한, 숙련된 (experienced)
부자연스러운, 억지스러운 (unnatural)

굿? or 낫 굿?

goods

다음 두 문장을 보고 각 문장에 쓰인 goods의 의미가 무엇인지 생각해 보세요.

- One in six Internet users has sold **goods** and services online.
- Does the U.S. government have the **goods** on Saddam?

★ **의미** 알면 실수 없다!

good은 우리에게 친숙한 단어입니다. 그렇다면 이와 비슷한 형태의 단어인 goods는 어떤 뜻일까요? good은 좋은 뜻으로 쓰이지만 goods에는 반드시 좋은 뜻만 있는 것은 아닙니다. goods는 명사로서 good things와 bad things의 반대의 뜻을 같이 가지고 있는 단어입니다. 먼저 good things로서는 판매용의 '상품'을 의미합니다. 한편 bad things로서는 '장물'이나 '범죄의 증거'를 의미합니다. 이러한 뜻을 모른다면 문장의 의미를 잘못 이해하고 넘어갈 수도 있겠죠?

★ **형식** 알면 문제 없다!

- goods는 보통 복수 취급하며 많은 수를 표현할 때에는 many가 아닌 a lot of와 함께 씁니다.
- get[have] the **goods** on sb라고 하면 누군가가 저지른 범죄 행위의 증거를 잡았음을 의미합니다.

예문을 통해 단어의 의미를 확인해 보세요.

- One in six Internet users has sold **goods** and services online.
  인터넷 사용자 6명 중 한 명이 상품과 서비스를 온라인으로 판매해 본 적이 있다.
- Does the U.S. government have the **goods** on Saddam?
  미 정부는 사담의 범행 증거를 가지고 있는가?

대화문을 보면서 goods가 어떻게 사용되고 있는지 확인해 보세요.
앤디가 자기 아내에 대해 뭔가 수상한 낌새를 차렸다고 하며 소현에게 어떻게 하면 좋을지 묻는다.

Andy   I have the **goods** on my wife. Now what should I do?
Sohyeon   What are you talking about?
Andy   I now have proof that my wife will be meeting someone on an upcoming business trip. I've captured their emails.
Sohyeon   But how can you be sure if it's true? It's just an email.
Andy   I know. But actually I feel like something's been wrong with her lately. She's got a lot of expensive **goods**, saying they are from her friends.
Sohyeon   I don't know what to say.

앤디   내 아내에 대해 증거를 잡았어. 이제 어떻게 해야 하지?
소현   무슨 이야기를 하는 거야?
앤디   아내가 다가오는upcoming 출장business trip에서 누군가와 만날 거라는 증거proof를 지금 가지고 있어. 그들이 이메일 주고받은 걸 포착했어capture.
소현   하지만 그것이 사실인지 어떻게 확신할 수 있어? 단순히 이메일인데.
앤디   알아. 하지만 사실 최근에lately 아내에게 무슨 일이 있는 것 같은 느낌이 들어feel like. 친구가 사줬다고 말하면서 비싼expensive 물건들을 잔뜩 가지고 들어오고.
소현   무슨 말을 해야 할 지what to say 모르겠다.

goods
상품 (product)
범죄의 증거 (incriminating evidence)

★ Review Test

Step 1 다음 문장을 밑줄 친 단어의 뜻에 유의하여 해석해보세요.

1. In the job search process, many people tend to be most <u>anxious</u> about interviews.

2. He's <u>mad</u> about action movies these days.

3. When you want to use a cell phone during driving, you simply plug the earphone into your ear and <u>clip</u> the microphone onto your lapel and start talking.

4. She <u>trims</u> my hair once a month.

5. Be careful when using baby powder. Never <u>dust</u> it straight onto your baby's body.

6. I know I shouldn't laugh, but I can't <u>help</u> myself.

7. I <u>left</u> my cell phone in my house today.

8. I <u>rent</u> rooms to international students who came here to study.

9. He told me that he can't <u>overlook</u> my fault this time.

10. Luckily I <u>recovered</u> my lost wallet.

★ Review Test
해석을 통해 단어의 뜻을 확인해 보세요.

1 구직job search 과정에서 많은 사람들이 면접interviews에 대해 가장 염려하는 경향이 있다tend to.

2 그는 요즘these days 액션 영화action movies에 빠져 있다.

3 운전 중during driving 휴대폰cell phone을 사용하고 싶을 때에는 이어폰을 귀에 꽂고plug 마이크로폰은 옷깃lapel에 꼽은 다음 이야기를 시작하면 됩니다.

4 그녀는 내 머리를 한 달에 한 번씩once a month 다듬어준다.

5 베이비파우더를 사용할 때에는 주의하세요. 파우더를 아기 몸에 직접straight 뿌리지 마세요.

6 나는 웃지 말아야 한다는 것을 알고 있지만 어쩔 수 없이 웃을 수밖에 없다.

7 나는 오늘 휴대폰을 집에 두고 나왔다.

8 나는 공부하러 이곳에 온 국제 학생들international students에게 방을 빌려준다.

9 그는 이번에는 내 잘못fault을 눈감아 줄 수 없다고 말했다.

10 다행히luckily 나는 잃어버린lost 내 지갑wallet을 찾았다.

★ Review Test

Step 1 빈칸에 알맞은 단어를 보기에서 찾아 알맞은 형태로 쓰세요.

1 He _____ me from head to toe without saying a single word.

2 Do you think automatic translation software will _____ translators?

3 I think we need to create more jobs to _____ out poverty.

4 Can you _____ out the light, please?

5 The little kid stuck _____ in the doorway, unable to budge an inch either way.

〈보기〉
| replace | put | fast | root | scan |

★ Review Test

해석을 통해서 정답을 확인하세요.

1. 그는 한 마디도 없이without saying a single word 나를 머리부터 발 끝toe까지 살펴보았다.

2. 네가 생각하기에 자동automatic 번역translation 소프트웨어가 번역가들translator을 대체할 것 같아?

3. 빈곤poverty을 뿌리 뽑기 위해 더 많은 일자리를 창출해야create 한다고 생각한다.

4. 불 좀 꺼 주실래요?

5. 그 작은 아이가 출입구doorway에 단단히 끼어서stuck 어느 쪽으로도either way 한 치도 꿈쩍할 수 없었다unable to budge.

Answer 1 scanned / 2 replace / 3 root / 4 put / 5 fast

단어를 재미있게 공부할 수는 없을까?

중고등학교 시절에 영어 시간만 되면 가장 싫었던 것 중 하나가 바로 '단어 시험' 내지는 '깜지 쓰기'였다. 적지 않은 수의 단어들을 외우려면 여간 머리가 아픈 것이 아니다. 외우면 금방 머릿속에서 잊혀져 꼭 밑 빠진 독에 물 붓는 것 같은 느낌이랄까. 간혹 암기에 뛰어난 재주가 있는 친구들도 있기는 하지만 대부분이 단어를 외우는 것이 얼마나 지루하고 힘든 것인지 절실히 느끼고 있을 것이다. 그러나 영어 단어를 반드시 지루한 방법으로 외우라는 법은 없다. 얼마든지 다른 방법으로 재미있게 학습할 수 있다. 단, 자신에게 맞는 방법을 찾는 수고는 해야 한다!

1. 다의어에 주목하라

이 책에서는 특별히 반대되는 의미를 갖는 단어들을 주제로 마지막 챕터를 꾸며 보았다. 한 단어가 정반대의 개념을 포함한다는 사실이 흥미롭다고 생각했다. 이렇게 어휘가 가지는 재미있는 특징들을 스스로 찾아보는 노력 자체가 공부가 될 수 있다. 예를 들어 한 단어가 명사, 동사로 형태 변화 없이 쓰인다든지, 하나의 단어만으로도 여러 가지 개념을 표현할 수 있다든지 말이다. 특히 실생활에서 많이 쓰이는, 쉬우면서도 다양한 의미를 포함하는 단어들을 많이 알아두면 유용하게 활용할 수 있다. '무슨 단어에 뜻이 이렇게 많아!'라고 생각할 것이 아니라 '이 단어 하나만 알면 이렇게나 많은 문장을 표현할 수 있네!'라고 생각한다면 단어를 외우는 것이 그리 고역이지만은 않을 것이다.

2. 다양한 방법을 활용하라

노래도 좋고 게임도 좋다. 단어 하나를 배웠으면 그것을 가지고 이리저리 굴려 보아야 한다. 아이들이 영어를 빨리 배울 수 있는 이유 중 하나는 영어를 공부라고 생각하기보다는 놀이라고 생각하고 접근한다는 점이다. 한 번 외웠으니 끝났다는 생각은 접어두고 기회가 닿는 대로 그 단어를 많이 활용해 보는 노력이 있어야 한다. 정 안되면 그저 종이에 끄적이면서 이미지도 떠올려보고 소리내보고 하는 노력이 그때에는 아무것도 아닌 것처럼 보여도 나중에는 크게 도움이 되었음을 알 수 있을 것이다.

알아두면 유용한 어휘 관련 인터넷 주소입니다.

1. 한국 사이트

- http://www.koreatimes.co.kr/www/LT/editorial/learningtimes.asp
  코리아 타임즈에서 제공하는 영어 학습 사이트로서 콩글리쉬를 포함한 다양한 학습 자료들이 총망라되어 있습니다.
- http://cafe.empas.com/voca/bbs/b24/list.html
  영어 학습 관련 엠파스 카페로 한국인들이 자주 실수하는 표현들을 공부할 수 있습니다.
- http://pinean.com/
  콩클리쉬에 대한 간단하고 쉬운 설명들이 나와 있습니다. 위의 메뉴바에서 English>konglish를 클릭해보세요.
- http://efl.htmlplanet.com/korhome.htm
  한국에서 오랫동안 거주해 온 외국인이 만든 사이트로서 문법과 어휘의 콩글리쉬에 대한 내용뿐만 아니라 다양한 주제의 콘텐츠를 재미있게 활용할 수 있습니다.

2. 외국 사이트

- http://www.bbc.co.uk/worldservice/learningenglish/
  BBC에서 제공하는 사이트로서 다양한 주제를 가지고 영어 학습을 할 수 있습니다. 특히 Grammar&Vocabulary의 Ask about English에서는 학습자들이 많이 혼동하는 어휘나 문법, 표현에 대한 쉽고 자세한 설명이 있습니다.
- http://www.wsu.edu/~brians/errors/errors.html
  학습자들이 많이 실수하는 어휘들에 대한 방대한 양의 자료가 간단한 설명과 함께 제시되어 있습니다.

- http://esl.about.com/library/quiz/bl_confusing1.htm
  퀴즈를 풀어보면서 잘 틀리는 어휘를 확인해볼 수 있을 뿐만 아니라 문법, 듣기, 읽기 등과 관련된 자료가 많이 있습니다.
- http://www.englishclub.com/learn-english.htm
  어휘 학습뿐만 아니라 영어 학습과 관련한 다양한 자료들이 있습니다.
- http://www.learnenglish.de/mistakes/CommonMistakes.htm
  영어 어휘 학습 사이트로서 자주 오류를 범하는 어휘들이 제시되어 있습니다.
- http://www.esldesk.com/esl-quizzes/misspelled-words/index.htm
  철자를 자주 틀리는 영어 단어들을 모아놓은 사이트로 철자 연습을 할 수 있습니다.

3. 사전

- http://www.ldoceonline.com/
- http://dictionary.cambridge.org/
- http://www.oup.com/elt/catalogue/teachersites/oald7/lookup?cc=global
- http://dictionary.com/
- http://www.onelook.com/
- http://www.m-w.com/
- http://www.yourdictionary.com/
- http://www.bartleby.com/61/
- http://encarta.msn.com/encnet/features/dictionary/dictionaryhome.aspx
- http://www.allwords.com/

RED ENGLISH CARD

Chapter 1

뜻이 비슷해서 혼동되는 어휘

see/look/watch

- 어떤 의도 없이 사람이나 사물을 보게 되는 것 **see**
- 의도적으로 주의 깊게 무언가를 보려고 하는 것 **look**
- look과 비슷하나 진행 중인 것을 보는 것 **watch**

I **looked** at the photo, but I didn't **see** anybody I knew.
그 사진을 보았지만 내가 아는 사람은 하나도 안 보였다.

Do you **see** that woman? **Look** again.
너 저 여자 보여? 다시 봐봐.

Don't you think you spend too much time **watching** TV?
너 요즘 TV 너무 많이 보는 것 아니니?

I heard a strange noise while I was **watching** a Mariah Carey concert on TV.
TV에서 머라이어 캐리의 콘서트를 보고 있던 중 이상한 소리를 들었다.

hear/listen to

- 소리가 들리다 **hear**
- 소리를 주의 깊게 듣다 **listen (to)**

I **heard** them talking in front of the door, but I didn't really **listen** to their conversation.
나는 그 사람들이 문 앞에서 이야기하고 있는 걸 들었지만, 대화 내용을 듣진 못했다.

Could you speak up? I can't **hear** you very well.
좀 크게 말해 줄래? 잘 안 들려서 그래.

I was **listening** to the radio when I suddenly **heard** a noise.
라디오를 듣고 있는데 갑자기 이상한 소리가 들렸다.

Chapter 1

뜻이 비슷해서
혼동되는 어휘

hurt/injure/damage/wound

- 사람이 사고로 다치다 **hurt/injure**
- 물건이 망가지다, 파손되다 **damage**
- 무기 등으로 상처 입다, 부상당하다 **wound**

The car was badly **damaged**, but fortunately, the people in the car were only slightly **hurt[injured]**.
그 사고로 차는 많이 파손되었지만 다행히 사람들이 많이 다치지는 않았다.

Fortunately, the driver was wearing his seat belt and so he wasn't **injured[hurt]**.
다행히 운전자가 안전벨트를 매고 있었기 때문에 많이 안 다쳤다.

Many soldiers were **wounded** in the war.
많은 군인들이 전쟁에서 부상당했다.

lend/loan/borrow

- 빌려주다 **lend/loan (give something to...)**
- 빌리다 **borrow (take something from...)**

I want my book back I **lent** you last month.
내가 지난 달 빌려준 책 돌려줄 수 있어?

Did I **borrow** a book from you?
언제 내가 책을 빌렸었나?

Can you **lend** me 30,000 won, please? I'll pay you back as soon as possible.
30,000원만 빌려줄 수 있어? 금방 갚을게.

Chapter 1
뜻이 비슷해서 혼동되는 어휘

tell/say/talk/speak

- 누군가에게 말하다 **tell sb/say to sb/talk to sb/speak to sb**
- 의미는 비슷하지만 상황에 따라 선호하는 단어가 있다.

She **said** that she would be late.
그녀는 늦을 것이라고 말했다.

I don't think she's **telling** the truth. I'd better **talk** to her mother.
그 여자아이가 진실을 말하고 있는 것 같지 않아. 아무래도 그 애 엄마와 이야기해 봐야겠어.

Professor Nick Brown is going to **speak** to us on recent environmental issues.
닉 브라운 교수께서 최근 환경 문제에 관해 말씀해 주시겠습니다.

change/exchange/switch/swap

- 교환 **change/exchange/switch/swap**
- 교환; 변화 **change/switch**

We have to **change** buses two times.
우리는 버스를 두 번 갈아타야 해.

I'd like to **exchange** pounds for dollars.
파운드를 달러로 환전하고 싶은데요.

I **swapped** a musical ticket for a Rain concert ticket. I'm in a hurry. I have to **switch[change]** buses in Sadang to get to the concert hall.
나 뮤지컬 티켓을 비 콘서트 티켓과 맞바꿨어. 급해. 콘서트장 가려면 사당에서 버스를 갈아타야 하거든.

Chapter 1

뜻이 비슷해서 혼동되는 어휘

fit/suit/match[go with]

- 사이즈가 맞을 때 **fit**
- 스타일, 색상이 어울릴 때 **suit**
- 물건들이 서로 어울릴 때 **match[go with]**

These shoes don't fit me. Do you have a larger size?
이 신발은 저한테 안 맞아요. 좀 더 큰 사이즈 있어요?

This style suits me but red isn't a color that suits me.
이런 스타일이 나한테 어울리지만 빨간색은 나한테 안 맞아.

Do you have scarves that match[go with] this blouse?
이 블라우스와 어울릴 만한 스카프 있을까요?

beat/win

- 상대방을 이기다 **beat** (+사람/팀/그룹)
- 경기를 이기다 **win** (+게임/경기/경쟁/선거)

Do you think Brazil will win two games in a row?
브라질이 두 경기를 연속해서 이길 것 같아?

I don't care. I just hope Korea beats Japan!
상관없어. 난 그저 한국이 일본을 이기기만을 바랄 뿐이지.

Although I couldn't beat my opponent, my team won the game.
나는 상대 선수를 이기지 못했지만 결국 우리 팀이 승리했어.

Chapter 1

뜻이 비슷해서 혼동되는 어휘

expect/anticipate/look forward to

- 예상하다 **expect**
- 기뻐하며 기대하다 **look forward to**
- 예상하다, 기뻐하며 기대하다 **anticipate**

We **expect** good weather on that day. So we **anticipate** great pleasure from our trip.
우리는 그 날 날씨가 좋을 것으로 기대한다. 그래서 그 여행이 더욱 즐거울 것으로 기대하고 있다.

I am **looking forward to** your favorable reply in the near future.
빠른 시일 내에 좋은 회신이 있기를 기다리겠습니다.

hope/wish

- 실현 가능성이 있는 일을 바라다 **hope**
- 실현 가능성이 없는 일을 소망하다 **wish**
- 상대방에게 좋은 일을 기원해주다 **hope that ~/wish sb sth**

I **hope** she'll like this present.
그녀가 이 선물을 좋아했으면 좋겠다.

It rained every day. I **wish** I hadn't gone there for my holidays.
매일 비만 왔어. 휴가 동안 거기 안 갔더라면 좋았을걸.

Chapter 1
뜻이 비슷해서 혼동되는 어휘

put on/wear

- 입는 동작을 강조 **put on**
- 입고 있는 상태를 강조 **wear**

Do you see the woman who's **wearing** the black suit?
검은색 정장을 입고 있는 저 여자 보여?

Wait a minute! I'm almost ready. I'm **putting on** my coat.
잠깐만! 거의 다 됐어. 지금 코트를 입고 있다고!

cure/heal/treat

- 질병, 사람을 치료하여 완전히 낫게 하다 **cure**
- 외상[상처]을 치료하다, 외상이 치유되다 **heal**
- (의사 등이) 의학적인 치료, 도움을 주다 **treat**

The medication can slow down the progression of the cancer but it can't **cure** it.
그 약으로 암의 진행을 늦출 수는 있지만 완전히 치료하지는 못한다.

The doctor **treated** the boy for his head wound and it **healed** soon.
의사는 그 아이의 머리에 난 상처를 치료했고, 그 상처는 곧 치유되었다.

Chapter 1

뜻이 비슷해서 혼동되는 어휘

price/charge/fee

- 물건의 가격 **price**
- 서비스 요금, 수수료 **charge**
- 서비스 요금, 보수나 사례금; 〈복합어로〉 입장료, 등록비 등 **fee**

I want to buy the car, but the **price** is too high.
차를 사고 싶은데 가격이 너무 비싸다.

The bill includes a 10% service **charge**.
계산서에는 10%의 서비스 요금이 포함되어 있습니다.

Every new student has to pay a registration **fee**.
모든 신입생들은 등록비를 지불해야 합니다.

marriage/wedding

- 결혼, 결혼 생활 **marriage**
- 결혼식 **wedding**

Why didn't you invite me to your sister's **wedding**?
왜 너희 언니 결혼식에 나를 초대하지 않았니?

One in 3 **marriages** end in divorce.
결혼한 세 쌍 중 한 쌍은 이혼한다.

Chapter 1
뜻이 비슷해서 혼동되는 어휘

journey/travel/trip

- 여정 (이동한다는 행위에 초점) **journey**
- 일반적인 여행의 총칭 **travel**
- 짧은 여행, 갔다가 출발점으로 돌아오는 것을 포함 **trip**

My father is away on a business **trip** at the moment.
아버지는 지금 출장가고 안 계셔요.

It's 6 hours' **journey** by car.
차로 6시간 정도 걸리는 여정이에요.

I love **travelling** abroad.
나는 해외여행을 좋아한다.

job/occupation/work

- 셀 수 있는 명사 **job**
- 문어체, 격식적 **occupation**
- 셀 수 없는 명사나 동사로 쓰이는 **work**

I heard that she **works** for JJ Company, but I'm not sure what kind of **job** she does.
그녀가 JJ 회사에서 일한다고 들었는데 정확히 어떤 일을 하는지는 모르겠어.

Would you please put your name, age, and **occupation** down?
이름과 나이, 직업 등을 적어 주십시오.

I want to get a full-time **job**, but there's only part-time **work** at present.
종일 근무할 수 있는 일을 구하고 싶은데 요즘엔 시간제 일밖에 없더라.

Chapter 1

뜻이 비슷해서 혼동되는 어휘

appointment/promise

- '만남'을 위한 약속 **appointment**
- '다짐'을 뜻하는 약속 **promise**

You can't see the president without an **appointment**.
미리 약속하지 않으셨다면 회장님을 만나실 수 없습니다.

He made a **promise** to pay the bill.
그는 청구서 대금을 지불하겠다고 약속했다.

A **promise** is a **promise**.
약속은 약속이지.

accident/incident

- 예기치 못한 사고 **accident**
- 의도적 사고 **incident**

Using cell phones while driving is dangerous. It could cause a car **accident**.
운전 중에 휴대폰을 사용하는 것은 위험하다. 그것은 자동차 사고를 유발할 수도 있다.

There was a shooting **incident** downtown last night.
지난 밤에 시내에서 총기 사고가 발생했다.

Chapter 1

뜻이 비슷해서 혼동되는 어휘

condition/situation/state

- 물리적 상태; 〈복수로〉 환경 **condition**
- 여러 사정이 서로 관련되어 영향을 미치는 상태 **situation**
- '상태'를 의미하는 가장 일반적인 말 **state**

Considering its age, this cell phone is still in good **condition**.
사용 기간을 생각하면 이 휴대폰은 상태가 아주 좋아.

The **situation** is not much different at other companies.
상황은 다른 회사에서도 크게 다르지 않다.

My mother will kill me if she finds the house in this **state**.
집이 이런 상태인 걸 알면 엄마는 날 가만두지 않으실 거야.

ethics/morals

- (사회·직업상의) 윤리 **ethics**
- (옳고 그름의 사회적 기준) 도덕 **morals**

Business **ethics** are very important for corporations.
기업 윤리는 기업들에게 있어 대단히 중요한 문제이다.

There are many people who don't protect public **morals** in our society.
우리 사회에는 공중도덕을 지키지 않는 사람들이 많다.

Chapter 1
뜻이 비슷해서 혼동되는 어휘

hight/expensive/low/cheap

- 가격, 비용 등이 비싸다, 싸다 **high/low**
- 물건이 비싸다, 싸다 **expensive/cheap**

The cost of living in London is very **high**.
런던의 생활비는 매우 비싸다.

It is difficult to find an affordable flat. It's too **expensive**.
적당한 아파트를 구하기가 힘들어. 너무 비싸더라고.

Where did you get the computer at such a **low** price? Mine is the same brand but it was not that **cheap**.
어디서 컴퓨터를 그렇게 싼 가격에 샀어? 내 것은 같은 상표인데도 그렇게 싸지 않았는데.

comfortable/convenient

- 편안한, 안락한 **comfortable**
- 편리한, 효율적인, 간편한 **convenient**

Living in a city is **convenient**, but country life is more **comfortable** and relaxing.
도시에 사는 것이 편리하긴 하지만 시골 생활이 더 편안하고 안락하다.

I went to my uncle's by bus. It wasn't **convenient**. I had to transfer two times!
나는 삼촌 댁에 버스를 타고 갔는데 너무 불편했다. 두 번이나 갈아타야 했다.

Chapter 1
뜻이 비슷해서 혼동되는 어휘

ashamed/embarrassed

- (사회적, 도덕적 기준에 어긋나는 큰 잘못으로) 수치스러운, 죄책감이 드는 **ashamed**
- (작은 실수로) 창피한, 당황스러운 **embarrassed**

I was **ashamed** of myself for telling such a lie.
내가 그런 거짓말을 했다는 것이 부끄러웠다.

I was so **embarrassed** because I had put my T-shirt on inside out.
티셔츠를 뒤집어 입어 너무 창피했다.

tall/high

- 사람, 건물, 나무 등 좁고 긴 것 **tall**
- 산, 벽, 구름 등에 대해 땅에서부터의 길이 **high**

The rooms in the building have very **high** ceilings.
그 건물 안의 방들은 천장이 매우 높다.

It is the **tallest** building in the world.
그것은 세계에서 가장 높은 건물이다.

Chapter 1

뜻이 비슷해서
혼동되는 어휘

fat/chubby/overweight

- 뚱뚱한 **fat**
- 과체중의 **overweight**
- 통통한 **chubby**

I think these pants make me look **fat**.
이 바지 입으니깐 더 뚱뚱해 보이는 거 같아.

Look at the **chubby** girl! She's really cute.
저기 통통한 여자애 좀 봐. 정말 귀엽다.

I'm getting to be **overweight**. I need to go on a diet.
점점 살이 찌는 것 같아. 다이어트 해야겠어.

envious/jealous

- 다른 사람이 가진 것을 갖고 싶을 때 **envious**
- 다른 사람에게 뺏길까봐 두려울 때 **jealous**

Children often feel **jealous** when a new baby's born.
아이들은 종종 새 아기가 태어나면 질투심을 느낀다.

I'm really **envious** of my boyfriend's laptop.
내 남자친구가 갖고 있는 노트북이 너무 부러워.

I'm **jealous** of my boyfriend's attraction to other women.
내 남자친구가 다른 여자들한테 매력을 느낄 때 너무 샘나.

Chapter 1

뜻이 비슷해서 혼동되는 어휘

during/for

- when에 대한 답 **during**
- how long에 대한 답 **for**

My friend was in hospital **during** the winter.
내 친구는 겨울 동안 병원에 입원해 있었다.

I had to work even **during** my holiday.
나는 휴가 동안에도 일을 해야 했다.

A big accident held up traffic **for** several hours.
큰 사고가 나서 여러 시간 동안 교통체증이 있었다.

before/in front of/across

- (시간상) ~전에, (줄 서 있을 때) ~앞에 **before**
- (위치상) ~앞에 **in front of**
- ~ 맞은편에 **across**

I was supposed to meet her **before** 7 o'clock **in front of** the theater. But I'm already late.
극장 앞에서 7시 전에 그녀를 만나기로 했었는데. 하지만 이미 늦었는 걸.

I said my house is across from the post office, not **in front of** the post office.
우리 집은 우체국 앞이 아니라 맞은편에 있다고 얘기했잖니.

Chapter 1
뜻이 비슷해서 혼동되는 어휘

on sale/for sale

- 세일 중인, 판매 중인 **on sale**
- 팔려고 내놓은 **for sale**

It's not **for sale**.
그것은 비매품이에요.

She's put her house up **for sale**.
그녀는 집을 팔려고 내놓은 상태입니다.

The department store was **on sale**.
백화점이 세일 중이었어.

back/again

- 원위치로 다시 **back**
- 반복하여 다시 **again**

The MP3 player you sold me isn't working well. Can I sell it **back** to you?
네가 나에게 판 MP3 플레이어가 잘 안되네. 너한테 다시 팔 수 있을까?

I think this is a bit old-fashioned. If we buy this, it won't be easy to sell it **again**.
이거 좀 구식인 거 같은데. 사면 아마 다시 팔기 쉽지 않을 거야.

I forgot to bring the document, so I had to go **back** to my house to get it.
그 서류 가지고 오는 것을 깜빡해서 가지러 집에 다시 가야 했다.

Chapter 2
형태가 비슷해서
혼동되는 어휘

assure/ensure/insure

- make sure의 의미일 때: **assure sb of sth/assure sb that ~
ensure[insure]+목적어 / ensure[insure] that ~**
- 영국에서는 ensure를, 미국에서는 insure를 많이 쓴다.

They **assure** me that traveling to Africa was safe.
그들은 아프리카로 여행하는 것이 안전하다고 나를 확신시켰다.

Ensure[Insure] that the doors are all locked.
문을 모두 잠갔는지 확실히 해라.

My car is already **insured** against fire and theft.
내 차는 이미 화재, 절도에 대해 보험으로 보장이 돼.

adapt/adopt/adept

- 변화시키다 **adapt**
- 선택해서 받아들이다 **adopt**
- 능숙하다 **adept**

They **adapted** to the hot weather.
그들은 무더운 날씨에 적응했다.

We have **adopted** a new technology for our business.
우리는 사업을 위해 신기술을 채택했다.

He is **adept** at repairing household appliances.
그는 가전제품을 고치는 데 아주 능숙하다.

Chapter 2

형태가 비슷해서
혼동되는 어휘

emigrate/immigrate/migrate

- 이민 가다 **emigrate**
- 이민 오다 **immigrate**
- 이주하다 **migrate**

One of my friends couldn't find a job here, so she decided to **emigrate**.
내 친구 중 한 명은 여기서 직장 구하기가 어려워서 이민 가기로 결심하였다.

Many parents will try to **migrate** to a district with a higher level of education.
많은 부모들이 교육 수준이 높은 곳으로 이주하려고 한다.

Lots of Chinese **immigrated** to the States last year.
많은 중국인들이 작년에 미국으로 이민 왔다.

precede/proceed/proceeds

- 앞서다 (go before) **precede**
- 나아가다 (go on) **proceed**
- 수익 **proceeds**

Lightning precedes thunder.
번개가 천둥을 앞선다. (=천둥이 치기 전에 번개가 번쩍인다.)

Please leave now if you are under 18, you should not **proceed** further.
18세 미만은 나가 주세요. 미성년자는 더 이상 나아갈 수 없습니다. (= 미성년자는 이 사이트를 이용할 수 없습니다.)

Chapter 2
형태가 비슷해서 혼동되는 어휘

oversee/overlook

- 감독하다 (to watch and direct) **oversee**
- 감독을 소홀히 하다 (to look past or fail to notice); ~이 내려다보이다 **overlook**

He will **oversee** the project this time.
이번에는 그가 프로젝트를 감독하게 될 거야.

I wish I lived in a house **overlooking** the sea.
바다가 내려다보이는 집에서 살면 얼마나 좋을까?

My mother **overlooked** my faults.
엄마는 내 잘못을 눈감아주셨어.

affect/effect

- 영향을 미치다 **affect (have an effect on)**
- 결과, 효과 **effect**

Radiation from mobile phones **affects** brain functions.
휴대폰에서 나오는 전자파가 뇌의 기능에 영향을 미친다.

The medicine, which he took every six hours, had no noticeable **effect** on his headache.
그가 6시간마다 복용했던 약은 두통에 별 효과가 없었다.

Chapter 2

형태가 비슷해서 혼동되는 어휘

compliment/complement

- 칭찬하다 **compliment**
- 보완하다 **complement**

That blue shirt **complements** your black suit nicely.
그 파란 색 셔츠는 검은 정장과 잘 어울린다.

I suggest that you should aim to **compliment** your partner on a first date at least three times.
첫 데이트에서는 적어도 세 번 상대방을 칭찬한다는 목표를 세워 보세요.

cook/cooker

- (요리하는) 사람 **cook**
- (요리하는) 기구 **cooker**

She is a really good **cook**. It takes me one hour to get there, but I can't resist her food.
그녀는 정말 훌륭한 요리사야. 거기 가는 데 1시간이나 걸리는 데도 그녀의 음식은 거부할 수 없다니깐!

Look at the **cooker**. It looks like it hasn't been cleaned for months. It's so dirty!
저 요리 기구 좀 봐. 몇 달은 안 씻은 것 같다. 너무 더러워!

Chapter 2
형태가 비슷해서
혼동되는 어휘

principle/principal

- (명사) 법, 원칙, 규범과 관련되면 **principle**
- (명사, 형용사) 중요하고 으뜸가는 것을 표현할 때는 **principal**

Principles are sometimes difficult to put into practice.
원칙은 때로 실행에 옮기기 어려운 법이지.

They are the **principal** actors who will be appearing in the horror movie.
그들이 그 공포 영화에 출연하게 될 주연 배우들이다.

The **principal** of my loan is 5 million won.
내 대출금의 원금은 5백만 원이다.

relationship/relation

- 개인 간의 관계 **relationship**
- 국가 간이나 공식적인 관계 **relation**

My friend doesn't have a good **relationship** with her father.
내 친구는 아빠와 관계가 별로 안 좋아.

Diplomatic **relations** between the two countries broke off over this incident.
두 나라 간에 외교 관계가 이 사건을 계기로 단절되었다.

He invited only close friends and **relations** to his housewarming party.
그는 집들이에 가까운 친구들과 친지들만 초대했다.

Chapter 2

형태가 비슷해서
혼동되는 어휘

shadow/shade

- 그림자 (구체적인 이미지) **shadow**
- 그늘 (어두운 정도) **shade**

Let's go stand in the **shade** to cool off.
저 그늘에 들어가서 열 좀 식히자.

I saw someone's **shadow** go past the window in the middle of the night.
나는 한밤중에 창문을 지나쳐가는 누군가의 그림자를 보았다.

I lay down on the grass in the **shade** of the tree.
나는 잔디 위 나무 그늘 아래 누웠다.

cloth/clothes/clothing

- 직물, 천 조각 ('천 조각'의 뜻일 때는 셀 수 있음) **cloth**
- 옷 (단수형 없음) **clothes**
- 의류 (셀 수 없음) **clothing**

My daughter has grown out of all her old **clothes**.
우리 딸은 입던 옷이 안 맞을 만큼 많이 자랐다.

I'm working in the **clothing** industry.
저는 의류 산업에 종사하고 있습니다.

His **clothes** are made of good-quality **cloth**.
그의 옷은 고급스러운 직물로 만들어져 있다.

Chapter 2
형태가 비슷해서 혼동되는 어휘

conscience/consciousness/conscious

- 양심 (옳고 그름의 기준) **conscience**
- 의식 (깨어 있음) **consciousness** : 형용사로는 **conscious**

When I see pictures of starving children my **conscience** pricks me.
굶주린 아이들의 사진을 보면 나는 양심의 가책을 느낀다.

The spread of public education has enhanced and awakened the public's social **consciousness**.
공교육의 확산은 대중의 사회의식을 고취시키고 일깨워 주었다.

Many people do not believe insects are **conscious** of pain.
많은 사람들은 곤충들이 고통을 느낀다고[인식한다고] 믿지 않는다.

empathy/sympathy

- 감정 이입, 공감 (= feeling in) **empathy**
- 동정, 유감 (= feeling with, feeling for) **sympathy**

I rarely feel **empathy** like my girlfriend, who cries at the drop of a hat.
나는 걸핏하면 우는 내 여자친구에게 거의 공감을 할 수 없다.

South Korea has expressed its "deepest **sympathy**" over the loss of such a large number of lives.
한국은 많은 사람이 희생된 것에 대해 깊은 애도를 표했다.

Chapter 2
형태가 비슷해서 혼동되는 어휘

award/reward

- 개인의 성취에 대한 상 **award**
- 행위에 대한 보상 **reward**

Improve employee motivation and loyalty by giving **awards**, gifts, or other employee incentives.
상과 선물, 다른 인센티브를 줌으로써 직원의 사기와 애사심을 높이세요.

The police may offer a **reward** for information about the escaped convict.
경찰은 탈옥수에 대한 정보 제공에 대해 보상금을 제공할 것이다.

The lottery winners will receive their cash **awards** in single lump sums.
그 복권 당첨자들은 그들의 현금 당첨금을 일시불로 받을 것이다.

die/dead/death

- 죽다 **die-died-died**
- 죽어 있는 **dead**
- 죽음 **death**

Her husband **died** of unknown causes after an illness that lasted 6 months.
그녀의 남편은 6개월 동안 앓다가 알 수 없는 원인으로 죽었다.

She was found **dead** by a neighbor shortly after 8 p.m.
그녀는 저녁 8시가 얼마 지나지 않아 이웃에 의해 죽은 채 발견되었다.

It has been nine years since his **death**, but I still miss him a lot sometimes.
그가 죽은 지 9년이 지났지만 나는 가끔씩 그가 너무도 그립다.

Chapter 2

형태가 비슷해서 혼동되는 어휘

effective/efficient

- 효과적인 (계획한 목표에 달성하는) **effective**
- 효율적인 (시간, 노력의 낭비 없는) **efficient**

The following steps will be **effective** in attracting new customers.
다음과 같은 단계는 새로운 고객을 끄는 데 있어서 효과적일 것이다.

This fridge is energy-**efficient** because it gets the job done without using too much electricity.
이 냉장고는 그렇게 많은 전력을 소비하지 않고도 제대로 작동하기 때문에 에너지 효율적이다.

alternate/alternative

- 번갈아, 교대로 **alternate**
- 선택의, 대안의 **alternative**
- 미국 영어에서는 alternate가 alternative의 의미까지 포함하는 경향

This summer we have to join workshops on **alternate** Mondays.
이번 여름에 우리는 격주로 월요일마다 워크숍에 참여해야 한다.

This course is an **alternative** option for individuals who hold a bachelor's degree or higher but who did not complete their teacher education requirements.
이 과정은 학사 학위 이상을 소지하였으나 교직 이수를 하지 않은 사람들을 위한 대안이다.

223

Chapter 2

형태가 비슷해서 혼동되는 어휘

terrible/terribly/terrific

- 무서운; 형편없는 **terrible**
- (형용사를 강조하여) 매우 **terribly**
- 대단히 멋진, 좋은 **terrific**

The hotel we stayed in was **terrible**.
우리가 머물렀던 호텔은 형편없었다.

We had a **terrific** vacation this winter. We had lots of fun in Europe.
우리는 이번 겨울 굉장히 멋진 휴가를 보냈어. 유럽에서 아주 재미있는 시간을 보냈지.

It was **terribly** expensive, so I couldn't buy anything.
그게 너무 비싸더라고. 그래서 아무것도 못 샀지.

funny/fun/interesting

- 웃기는, 우스운 **funny**
- 즐거운 **fun**
- 흥미로운, 관심이 가는 **interesting**

Rob told me a joke last night and it was really **funny**!
롭이 어제 농담을 했는데 정말 재미있었어.

I had a lot of **fun** with my friends at summer camp.
여름 캠프에서 나는 친구들과 아주 재미있는 시간을 보냈다.

It will be **interesting** to see how this experiment turns out.
이 실험이 어떤 결과가 나올지 지켜보는 것은 재미있을 것이다.

Chapter 2

형태가 비슷해서 혼동되는 어휘

alone/lonely

- 주변에 다른 사람이 없을 때 **alone**
- 감정적으로 외로움을 나타낼 때 **lonely**

Although my sister lives **alone**, she says she never gets lonely.
내 동생은 혼자 살지만 결코 외롭지는 않다고 말한다.

It is possible to be **lonely** in a crowd.
군중 속에서 외로움을 느낄 수도 있다.

How can you love yourself if you don't spend time **alone** to get to know yourself?
너 자신을 알기 위해 혼자 시간을 보내지 않는다면 어떻게 자신을 사랑할 수 있겠는가?

farther/further

- 거리, 정도를 이야기할 때 **farther/further**
- '부가적인, 추가적인'의 뜻으로 쓰일 때 **further**

For **further** information, please contact the Learning Center.
더 자세한 사항은 Learning Center로 문의해 주세요.

He could throw the ball **farther** than anyone else.
그는 누구보다도 더 멀리 공을 던질 수 있었다.

Chapter 2
형태가 비슷해서 혼동되는 어휘

sensible/sensitive

- 분별 있는, 이성적인 **sensible**
- 감성적인, 민감한 **sensitive**

I wish you would be more **sensible** about things.
나는 네가 모든 일에 좀 더 분별이 있었으면 좋겠어.

My skin is **sensitive**, so I don't put on a lot of make up.
피부가 예민해서 나는 화장을 그렇게 많이 하지 않는다.

drunk/drunken

- 동사 뒤에서 서술적으로 **drunk**
- 명사 앞에서 한정적으로 **drunken**

I bet you're **drunk**.
너 분명히 취했어.

He was convicted of **drunken** driving.
그는 음주 운전으로 기소되었다.

Chapter 2
형태가 비슷해서
혼동되는 어휘

economic/economical

- 경제 활동과 관련되면 economic
- 검소하고 절약적인 것과 관련되면 economical

Cycling is a healthy, quiet, **economical**, and pollution-free means of transport.
자전거 타기는 건강하고 조용하고 경제적이며 대기 오염도 예방할 수 있는 교통수단이다.

He was able to cope with the current political and **economic** crises.
그는 현 정치적, 경제적 위기들을 잘 대처할 수 있었다.

historical/historic

- 역사상 존재하면 historical
- 역사상 의미 있고 중요하면 historic

These books are based on actual **historical** events in the 12th century.
이 책들은 12세기에 있었던 역사상의 사건들을 바탕으로 하고 있다.

Europe boasts many **historic** buildings.
유럽은 많은 역사적인 건물들을 자랑한다.

Chapter 2
형태가 비슷해서 혼동되는 어휘

continual/continuous

- 반복적으로 계속될 때 **continual**
- 끊어짐이 없이 연속될 때 **continuous**

I have become annoyed by **continual** spam text messages.
나는 계속 오는 광고 문자 메시지에 짜증이 났다.

For three days, there was **continuous** rain in Seoul.
서울에 3일 동안 계속 비가 내렸다.

hard/hardly

- 형용사, 부사로 모두 쓰이면 **hard**
- 부사로 almost not의 의미로 쓰이면 **hardly**

No student should work **hard** just to get into college.
어떠한 학생도 단지 대학에 들어가기 위한 목적만으로 열심히 공부해서는 안 된다.

Can you speak a little louder, please? I can **hardly** hear you.
조금만 더 크게 말해 줄래? 거의 안 들려.

Chapter 2

형태가 비슷해서 혼동되는 어휘

indoor/indoors

- 형용사로 명사를 꾸며주면 **indoor**
- 부사로 쓰이면 **indoors**

Indoor air pollution can be a real concern because people can spend as much as 90% of their time **indoors**.
실내 공기 오염은 진정한 관심사가 될 수 있다. 왜냐하면 사람들이 90% 이상의 시간을 실내에서 보내기 때문이다.

Not every herb is suitable for growing **indoors**.
모든 허브가 실내에서 기르기 적당한 것은 아니다.

beside/besides

- ~옆에 **beside**
- ~에 더하여, 게다가 **besides**

I constantly feel as if someone is **beside** me these days.
나는 요즘 계속해서 누군가가 내 옆에 있는 것처럼 느낀다.

What subjects are you taking **besides** English?
영어 말고 무슨 과목들을 듣고 있어?

It's too expensive. **Besides**, I don't like the color.
너무 비싸. 게다가 색깔도 마음에 안 들어.

Chapter 3
반대의 뜻으로
다양하게 쓰이는 어휘

clip

- 자르다 (cut out)
- 고정시키다 (fasten together)

I **clipped** the article from the newspaper and kept it in my file.
나는 신문에서 그 기사를 오려 파일에 보관해 놓았다.

Would you please **clip** these documents together?
이 서류들을 함께 클립으로 고정시켜 주실래요?

trim

- 다듬다 (take pieces off)
- 붙이다 (add things)

Cut your toenails straight across. Do not **trim** them too short or deeply into the corners.
발톱은 일자로 자르세요. 너무 짧거나 모서리 쪽을 깊게 깎지 마세요.

I bought a dress **trimmed** with lace and beads.
나는 레이스와 비즈로 장식된 옷을 샀다.

Chapter 3
반대의 뜻으로
다양하게 쓰이는 어휘

dust

- 털어내다
- 뿌리다

I wonder how long it had been since he **dusted** the blankets.
그가 담요의 먼지를 털어낸 지 얼마나 됐는지 궁금해 죽겠군.

Next, she **dusted** the meat well with salt and pepper.
그 다음, 그녀는 고기에 소금과 후추를 고르게 뿌렸다.

help

- ~을 돕다
- 막다, 피하다 (주로 부정어와 함께 '~을 어쩔 수 없다')

"Can I **help** you?" "No thanks, I'm just browsing."
"도와드릴까요?" "아니요, 괜찮아요. 그냥 구경하고 있어요."

I couldn't **help** worrying about my father's wound.
나는 아버지의 부상을 걱정하지 않을 수 없었다.

Chapter 3
반대의 뜻으로 다양하게 쓰이는 어휘

put out

- ~을 끄다 (put an end to)
- ~을 생산하다 (produce)

Smoking is not allowed here. Would you please put out your cigarette?
이곳은 금연 구역입니다. 담배를 꺼주시겠어요?

These days many publishers put out books, magazines and newspapers in electronic format that is rendered exactly like the printed page.
요즘 많은 출판업자들이 책, 잡지, 신문을 인쇄물과 똑같이 표현된 전자 형태로 출판하고 있다.

leave

- 떠나다 (depart from)
- 남겨두다 (remain)

Go away and leave me alone!
나 좀 혼자 내버려두고 저리 가!

When are you leaving?
언제 떠나는데?

Chapter 3
반대의 뜻으로
다양하게 쓰이는 어휘

rent

- 빌리다 (borrow)
- 빌려주다 (lend)

How long can I **rent** the car for?
얼마 동안 차를 빌릴 수 있습니까?

The government has decided to crack down on landlords who **rent** houses to illegal immigrants.
정부는 불법 이민자들에게 집을 임대해주는 집주인들을 단속하기로 결정했다.

overlook

- 알아차리지 못하다, 모르는 척하다 (ignore)
- 조사하다, 감독하다 (inspect)

He **overlooked** my mistake.
그는 내 실수를 눈감아 주었다.

They **overlooked** the contract before the meeting.
그들은 회의 전에 그 계약서를 훑어보았다.

Chapter 3
반대의 뜻으로 다양하게 쓰이는 어휘

recover

- 다시 덮다
- 되찾다

Give the contents a stir and then **re-cover** the pot while you prepare the sauce.
내용물을 섞은 후에 소스를 준비하는 동안 냄비 뚜껑을 다시 덮으세요.

This software is designed to **recover** lost files such as video, documents, and lost pictures from a digital camera's memory.
이 소프트웨어는 비디오, 문서 같은 손실된 파일과 디지털 카메라의 메모리에서 삭제된 사진들을 복구할 수 있도록 설계되어 있습니다.

scan

- 자세히 살펴보다
- 대충 훑어보다

I quickly **scanned** them before solving the math questions in the exam papers.
나는 수학 문제를 풀기 전에 시험지를 빨리 훑어보았다.

The police **scanned** the car for the suspect.
경찰은 그 용의자를 찾아 그 차를 자세히 조사하였다.

Chapter 3
반대의 뜻으로
다양하게 쓰이는 어휘

replace

- 교체하다, 교환하다
- ~을 제자리에 놓다

Please **replace** the books and DVDs when you're finished.
보신 책과 DVD는 제자리에 다시 꽂아 주세요.

We can't find the right person to **replace** her.
우리는 그녀를 대신할 적임자를 찾을 수 없다.

root

- 뿌리박다 (establish)
- 뿌리째 뽑다 (remove entirely out)

The government sends inspectors to **root** out unreasonable school fees.
정부는 부당한 수업료를 철폐하기 위해 감사관을 파견한다.

He had a deep-**rooted** prejudice against women in positions of power.
그는 권력을 가진 여성에 대해 뿌리 깊은 편견을 가지고 있었다.

Chapter 3
반대의 뜻으로 다양하게 쓰이는 어휘

anxious

- 걱정하는, 염려하는, 불안한
- 몹시 열망하는, 하고 싶어하는

I have to go away for two nights next week and leave my kids. It is making me so **anxious**.
나는 다음 주에 나가서 이틀 밤이나 아이들을 떠나 있어야 해. 그것이 나를 너무 불안하게 하고 있어.

We as fans are **anxious** to get this season started soon.
팬으로서 우리는 이번 시즌이 빨리 시작하기를 몹시 기대하고 있다.

awful

- 끔찍한, 형편없는 (terrible, unpleasant)
- 장엄한, 경건한 (impressive)
- 매우, 대단히(강조) (very)

I had high expectations because it won an award. But the movie was **awful**.
수상한 영화여서 기대를 많이 했었다. 하지만 그 영화는 형편없었다.

I feel **awful** because I was caught in the rain.
비를 맞았더니 몸이 안 좋다.

I had to work really hard because I need an **awful** lot of money to pay for my college tuition.
대학 등록금을 내기 위해 엄청 많은 돈이 필요해서 나는 아주 열심히 일해야 했다.

Chapter 3
반대의 뜻으로 다양하게 쓰이는 어휘

mad

- 화난, 격분한 (angry)
- ~에 빠져 있는, 열광하는 (passionate)

I am **mad** about football. But my wife is not a football fan like me.
나는 축구에 미쳐 있다. 하지만 내 아내는 나 같은 축구 팬이 아니다.

She's **mad** because of what he said.
그녀는 그가 한 말 때문에 화가 나 있다.

cool

- 차가운, 무관심한 (unfriendly)
- 멋진, 훌륭한 (excellent)

"I just got a new car." "**Cool**.""
"나 새 차 뽑았어." "멋지다."

New movies are getting **cool** receptions by the critics.
새 영화들이 비평가들로부터 냉대를 받고 있다.

Chapter 3
반대의 뜻으로
다양하게 쓰이는 어휘

fast

- 빨리, 신속하게 (quickly)
- 고정된, 쉽게 움직이지 않는 (fixed)

Our heart speed goes up when driving **fast**.
운전 속도가 빨라지면 우리의 심장 박동수도 올라간다.

Make sure the windows and doors are all closed **fast** before you go out.
외출하기 전에 창문과 문이 단단히 잠겼는지 확인해라.

last

- 마지막의 (final)
- 요전의 (prior)

The **last** bus has gone! We need to catch a taxi.
막차가 갔어! 우리 택시 잡아야겠다.

What did you do **last** weekend?
너 지난 주말에 뭐 했어?

Chapter 3
반대의 뜻으로
다양하게 쓰이는 어휘

practiced

- 경험이 풍부한, 숙련된 (experienced)
- 부자연스러운, 억지스러운 (unnatural)

To my questions, he smiled his **practiced** smile.
나의 질문에 그는 억지스러운 웃음을 지었다.

She is **practiced** in web designing.
그녀는 웹 디자인에 경험이 풍부하다.

goods

- 상품 (product)
- 범죄의 증거 (incriminating evidence)

One in six Internet users has sold **goods** and services online.
인터넷 사용자 6명 중 한 명이 상품과 서비스를 온라인으로 판매해 본 적이 있다.

Does the U.S. government have the **goods** on Saddam?
미 정부는 사담의 범행 증거를 가지고 있는가?

얼굴 빨~개지면 펼치는 영어책

황성진/212쪽/본문 음원 MP3 다운로드/9600원

이런 영어, 초보라면 누구나 다 틀린다

교과서에서는 절대 배울 수 없는 생생영어를 알려주는 **RED ENGLISH BOOK** 시리즈 중 회화편. 〈공부해도 이런 영어 꼭 틀린다 – 회화〉는 한국인 학생 진이가 원어민 선생님 크리스와 대화에서 겪는 좌충우돌 실수담을 담았다. 진이가 겪는 실수를 통해 원어민과의 대화에서 정확하게 써야 하는 '기본 영어'는 물론 상황에 따라 미묘한 뉘앙스의 차이까지 고려할 수 있는 '고급 영어'까지 배울 수 있다.

69개의 상황을 문법적으로 오류는 없지만 의미상으로 큰 차이가 나는 경우, 콩글리쉬로 의미 전달이 정확하게 안 되는 경우, 뉘앙스 차이까지 고려해서 고급영어를 배울 수 있는 경우로 구분해서 기본 영어 표현은 물론 고급 영어 표현을 기를 수 있게 구성했다. 작지만 핵심적인 내용을 담았으므로 짧은 시간에 핵심적인 내용을 체크할 수 있다.

◎ 생생 대화문으로 나의 실수를 알 수 있다
한국인이라면 누구나 겪을 수 있는 상황을 모았다. 원어민 선생님 크리스와 한국인 대학생 진이의 대화를 통해 한국인이 원어민과 대화를 하면서들 자주하는 실수와 콩글리쉬를 공감할 수 있다.

◎ '왜'란 질문을 통해서 나의 실수를 곱씹어 볼 수 있다
진이가 어떠한 실수를 했는지 우리말 해석을 통해 확인할 수 있다. 대화에서 진이가 어떤 실수를 했는지를 설명하고 대화에서 적절하게 쓸 수 있는 표현을 다시 알려 준다. 올바른 대화문 제시해서 상황에 맞는 표현을 알려준다.

◎ 핵심 포인트로 최종 마무리
핵심 포인트를 한 마디로 요약해서 긴 설명을 읽고 나서 간단명료하게 다시 한 번 정리할 수 있다.

◎ 직역 대신 의역과 구어체 사용
딱딱한 직역보다는 약간 의역하여 상황에 맞게 해석했고, 실제 대화 능력을 향상하기 위해 축약체를 사용했다.

◎ 실수 교정 생생 회화 MP3 다운로드
표현이 잘못 쓰인 대화와 올바르게 쓰인 대화를 전문 성우가 녹음했다. 두 대화를 번갈아 들으면 책에서 소개된 표현을 정확하게 익힐 수 있다. 음원은 사람in 홈페이지(www.saramin.com)에서 다운로드 받을 수 있다.